ALEJANDRO ZURDO Recetas e historias de Hanói a Singapur

COMIENDO EN LAS CALLES DE ASIA

Grijalbo

Papel certificado por el Forest Stewardship Council®

Primera edición: noviembre de 2019

© 2019, Alejandro Zurdo, por el texto y las fotografías
© 2019, Penguin Random House Grupo Editorial, S.A.U.
Travessera de Gràcia, 47-49. 08021 Barcelona

Printed in Spain – Impreso en España

Diseño: Penguin Random House Grupo Editorial | David Ayuso
Maquetación: Eva Arias

ISBN: 978-84-17752-20-0
Depósito legal: B-17.680-2019

Impreso en Gráficas Estella
Villatuerta - Estella
(Navarra)

DO 52200

Penguin
Random House
Grupo Editorial

A Borja. Este libro, y todo lo demás, lo soñaste antes que yo;
Gracias, hermano.

A mis padres. Sé que, desde algún lugar, sonreís contentos.

A Silvia, luz y sonrisa. Moitas gracias, xoubiña.

A mis socio-amigos, Txitxo, Cris y José Miguel. Ni gastro ni pollas.

A mi hermano y a Germán.

A quienes todos estos años habéis creído en mí: a David Testal
por inspirarme y ayudarme siempre; a toda la familia Kitchen;
a la gloriosa Pandilla Basura; a Alicia; a Mercedes («que
cerrándome sus brazos me abrió los del mundo»); a Bea;
a Josepe, por enseñarme; a Mariam; a Joel; a los Ambares, por
darme la oportunidad de conocer mundo; a mis alumnos y pax,
y a todos los que me empujaron para que este libro viera la luz.
Gracias por vuestra fuerza.

A toda la gente que en Asia me abrió las puertas de sus casas
y cocinas. A quienes fueron generosos y me enseñaron.
A quienes compartieron sus recetas conmigo.
Cam on, okum, khop khun kráp, nandri, terimakasi, sie sie.

A Iñaki, que nunca ha creído en mí, pero siempre ha estado
donde debía.

Y, last but not least, *a las toneladas de cerveza que*
han servido de inspiración y consuelo para que tengas
este libro entre las manos.

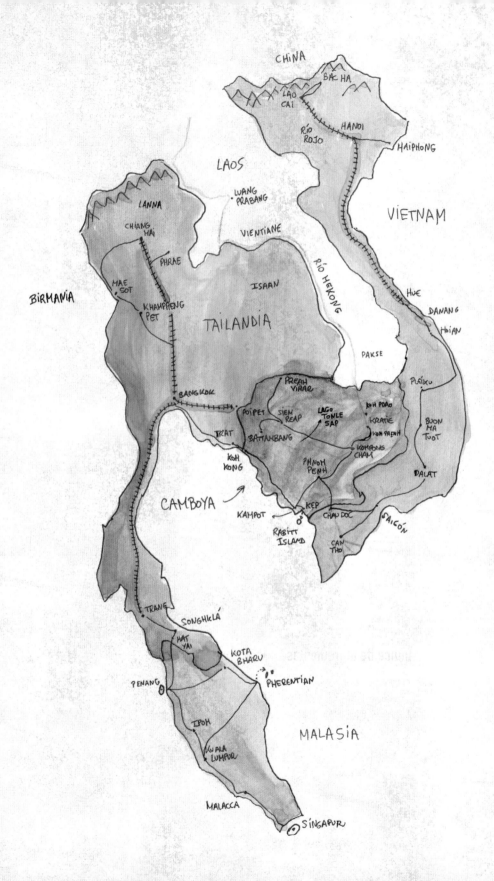

ÍNDICE

LA PRESERVACIÓN DEL ALMA,
UN PRÓLOGO PARA ALEJANDRO

Ningún viaje, ya sea interior o aparentemente exterior, nos enriquece. Lo que enriquece es lo que el viajero sepa hacer con el viaje. Hay personas que recorren el mundo y no traen nada de valor consigo, quizás a veces una absurda colección de postales y anécdotas que solo les interesan a ellos, y que aun así exhiben como medallas, como si los sellos en su pasaporte les otorgaran cierta sabiduría. Y hay personas que regresan después de haber estado encerradas en una cueva durante años y traen consigo mapas de universos infinitos e inexplorados que nos regalan a todos.

Alejandro es una de esas personas extraordinarias que habiendo recorrido el mundo trae siempre consigo esos universos que es capaz de encontrar porque sabe que todo viaje es también un viaje interior que debe ser hecho a la par. Sus recetas son esos mapas misteriosos que al ser obedecidos despliegan en nuestro paladar secretos ancestrales, sabores perdidos entre el tumulto de calles lejanas o escondidos en la cocina de algún hogar ajeno, conservados por una larga intimidad familiar, extraña y a la vez cálida para nosotros. Porque no apela a nuestras rutinas, sino a nuestro esencial anhelo de ser cuidados.

Un artista no es aquel que realiza obras consideradas artísticas según el criterio comúnmente aceptado de la época; es quien logra crear su propia vida a su imagen y semejanza, haciendo de su vida su primera y definitiva obra de arte, porque solo partiendo de esa creación primera es posible utilizar esa vida para crear además obras genuinas que enriquezcan de alguna manera el mundo.

Durante la época en la que convivimos, y a pesar de ser una de las personas más generosas y acogedoras que he conocido en mi vida, a pesar de querernos y respetarnos como solo respetas y quieres a un hermano elegido, Alejandro siempre me cerraba la puerta de su cocina en las narices. Como en el laboratorio sagrado de un alquimista, no dejaba entrar a ningún observador que se interpusiera. Sin ese criterio para ser firme en aquello que corresponde, no le hubiese sido posible ninguna generosidad trascendente más allá del círculo cercano.

Su cocina simboliza todo aquello en lo que nunca ha transigido y que ha hecho de él alguien capaz de dar algo significativo incluso a personas que no conoce, personas que se sientan en la mesa de alguno de sus restaurantes y viajan, siendo conscientes o no de ello, a través del amor de generaciones, comprendiendo así el alma de idiomas que jamás hablarán. Para llegar a expandir esa alegría y hacer que desconocidos vivan experiencias memorables, hay que saber respetarse y establecer los límites dentro de los cuales es posible tal explosión.

Los límites de esa estrecha y antigua cocina en la que ensayaba todo lo encontrado en sus viajes. Los límites de su innegociable ausencia mientras viaja. Los límites de quien se atreve a preservar aquello que le hace feliz, y que por ello se convierte en alguien capaz de hacer felices a los demás.

Tan alejado de la cocina moderna, basada en el uso experimental de la tecnología y en deconstruir y reinterpretar una tradición a través del ego del autor, como de quienes convierten esa tradición en una caricatura de sí misma, en un cliché, Alejandro ha optado por el camino del artesano que asume la responsabilidad de conservar lo ancestral, de impedir que una intimidad culinaria desaparezca, cuidándola y sacralizando su tradición, a cuyo servicio se pone con la humildad del santo que da de comer al peregrino.

No viaja para inspirarse y utilizar a su favor y a su manera lo que susurran las manos de una madre comprometida con la alimentación de sus hijos, o del padre acostumbrado a su ritual diario de instalar su puesto en la calle y cocinar sin descanso para los transeúntes. Viaja para poder honrar lo que hacen estas personas contándonos su historia, amplificando ese susurro para que se escuche incluso al otro lado del planeta. No viaja para tomar prestadas ideas de antiguas usanzas, sino para darles el valor nuevo que solo un forastero apasionado y respetuoso puede reconocer, y para darnos así testimonio de ellas con la máxima veneración.

Probar un plato de Alejandro es incorporar el alma genuina de pueblos milenarios al nuestro. Solo un alma grande sabe convertirse en médium y no interponerse, sabe plegarse para dejar que resplandezca a través de ella un alma aún más grande que ella misma. Los seres humanos hemos sobrevivido porque en distintos ámbitos fundamentales para nuestra supervivencia existen guardianes de verdades antiguas, personas que acometen el reto cotidiano de manifestar aquello que compartimos todos como humanidad. Me consta que Alejandro es y será para muchos uno de esos ángeles guardianes.

Disfruten del manjar.

David Testal

Twitter: @davidtestaldice
Instagram: @davidtestalmira

303 DÍAS COMIENDO EN EL SUDESTE DE ASIA

«Todo el mundo tiene una receta y una historia que contar.»

Aunque este pueda parecer un libro de recetas, en realidad son las memorias de un viaje iniciático que cambió mi vida: los 303 días que pasé en el sudeste de Asia con el único propósito de conocer su cocina y sus gentes.

La idea de escribir este libro tiene un lugar y un momento. Fue en un bar de Dunlop Street, en Singapur. Era el año 2006 y acababa de volver de un viaje infernal por la isla de Flores, en Indonesia. Llevaba tres años reuniendo recetas de cada uno de mis viajes por Asia sin saber muy bien qué hacer con ellas. Entre sorbos de cerveza pensé dos cosas: que sería bueno reunirlas en un libro y que, en realidad, mi conocimiento de las cocinas del sudeste asiático era muy escaso. Así que decidí hacer un viaje desde Hanói a Singapur, sin prisas y con el tiempo necesario para profundizar sobre el tema y poder escribir luego con coherencia acerca de él.

Pasaron los años y no fue hasta finales de 2011 cuando estuve en condiciones de hacer el viaje. Mi idea era recorrer Vietnam, Camboya, Tailandia y Malasia; no quería ver monumentos, quería detenerme, pasar tiempo donde hubiera buenas historias. Y, sobre todo, quería comer, probar platos y meter las narices en todas las cocinas que fuera encontrándome.

Sabía que iba a una de las zonas más turísticas del mundo, el *banana pancake trail*, la ruta de los mochileros occidentales por el sudeste de Asia. Corría el peligro de dejarme llevar y acabar de gueto en gueto, disfrutando de las *happy hours* y haciendo pandilla con chicos de todo el mundo. Así que me comprometí a cumplir 4 normas:

1. No juntarme nunca con mochileros. No porque tuviera nada en su contra, sino porque de ese modo el viaje podría crecer y evolucionar en lugar de ser siempre una repetición de sí mismo.

2. Solo comer comida local. Consecuencia de lo anterior. Si uno está con mochileros y se mueve en su mundo, al final termina comiendo siempre Pad Thai y hamburguesas. Así que me prometí que solo me refugiaría en un *sandwich club* en caso de muy extrema necesidad.

3. Nunca alojarme en los guetos. Rehuir cual peste los barrios creados *ad hoc* para mochileros. Son lugares calcados unos de otros, donde los precios están inflados, la calidad es pésima y todo atisbo de vida local ha sido expulsado. *Vade retro.*

4. No ir nunca a ningún local recomendado por ninguna guía turística. Está demostrado. Aquel restaurante que aparece en una guía y se populariza sufre un vertiginoso triple proceso: subida de precios, reducción de raciones y bajada de calidad, además de que adapta su comida al gusto de los extranjeros. Así que, para evitarlo, uso la norma del 80/20: nunca entro en un local que tenga más de un 20 % de extranjeros. Sagrado.

De este modo, a principios de 2012, me marché para oriente. Pasé 303 días dando tumbos por el continente. Recorrí Asia de todas las maneras imaginables. De Hanói a Singapur: en bus, furgoneta, bici, moto, tuk-tuk, a pie, en un carrito lleno de bidones de agua, en tren, ferry, barcaza, barco. Siempre buscando recetas, probando platos y conociendo gente. Y sí, me mantuve fiel a mis 4 preceptos. Esta es la historia.

Vietnam, el «dragón» de norte a sur

Mi viaje comenzó en Vietnam. Lo crucé de punta a cabo pasando por sensaciones encontradas; de odio profundo a enamoramiento arrobado.

Hanói fue mi puerta de entrada a Asia. Es una de mis ciudades favoritas, pero también con la que tengo una relación más fuerte de amor-odio. Me encantan sus calles viejas y la manera en que sus habitantes siguen viviendo sin importarles mucho los turistas que mosconean alrededor, y me gustan sus anchas avenidas de villas francesas y los bares de Bia Hoi, que me parecen tan madrileños. Pero en el anverso está el humorcito feroz que se gastan los hanoítas; una no-expresión facial, una ausencia de sonrisa, un gruñido siempre listo. Son muy cansinos. Pero una vez que uno aprende cuatro palabras de vietnamita, comienza a saber cómo torearlos y cómo tomarse el asunto con filosofía. Y así, poco a poco, se llega a un punto en que hasta se les toma cariño.

Pasé casi un mes de frío y lluvia en la capital, comiendo y aprendiendo, hasta que cambié de sitio. Hice una pequeña excursión hasta Bac Ha para conocer a la gente de las montañas, pero, sobre todo, para comer *thang co*, un guiso de carne y sangre de caballo típico de aquellas tierras. Lo probé, me medio gustó y regresé a las llanuras. Antes de marchar hacia el sur hice una parada en Hai Phong, la tercera ciudad del país, y allí, entre platos de berberechos y cerveza fresca, me pregunté cómo, estando a solo dos horas de Hanói, el carácter de sus habitantes podía ser tan dulce y abierto.

Cuando consideré que todo estaba hecho en el norte, cogí un tren nocturno y me dirigí a Hue, la antigua capital de los emperadores de Vietnam. Siempre me han encantado los trenes, pero cómo no amar los vietnamitas, en los que se reproduce con fidelidad la misma vida que en las calles: vendedores de comida, gente cocinando, niños jugando a la pelota. Una maravilla.

Hue fue calor, paz y belleza. La ciudad está dividida en dos partes separadas por el río Perfume. Al sur se acochinan los turistas en un gueto cutre. Al norte está la ciudad vieja con sus callejas tranquilas y hermosas, llenas de vida y vecinos amables. En Hue probé su cocina deliciosa y compleja, tan diferente de la de Hanói, y tuve la suerte de toparme con gente que hizo más sencillo mi paso por la ciudad. Me harté de comer bien, fui en bici a todas partes y conocí las playas cercanas, solitarias y llenas de restaurantes de pescado recién sacado del mar.

Me costó salir de allí, pero debía continuar el viaje, así que me moví cuatro horas al sur, hasta Danang, la cuarta ciudad de Vietnam. Danang es grande y crece rápido, pero me gustó. Quizá lo mejor fue conocer a Thy, una chica de Couchsurfing[1] que me alojó en su casa con su familia. Tuve la oportunidad de pasar unos días muy interesantes conociendo cómo es por dentro la vida diaria de los vietnamitas y fue agradable y divertido pasear en moto con Thy, juntarme con sus amigos y comer cosas deliciosas o raras que yo, por mí mismo, nunca habría sido capaz de encontrar.

[1] Couchsurfing es una red internacional para alojarte y conocer gente en otros países de modo gratuito.

Y entonces me dirigí a Hoian, la ciudad considerada la más bonita de Asia, y me encontré con un bodrio turístico, un decorado infumable del que había que salir por patas. Por fortuna no me fue posible, porque allí vivía mi amigo Jimmy, compañero guía y parrandero impenitente. Durante esos días, Jimmy se aplicó en enseñarme lo que quedaba de vida local, en presentarme a sus amigos y en llevarme a probar la deliciosa comida del lugar. Memorables fueron las tardes en la playa de Cua Dai, en los restaurantes a orillas del río o trasegando birra y limoncello con los amigos que iban cruzándose en nuestro camino.

Me quedé una semana loca en Hoian, exactamente hasta que sentí que tenía el hígado como una oca y decidí poner tierra de por medio. No sé por qué, quizá fuera por huir de la horda de turistas, el caso es que no se me ocurrió otra cosa mejor que hacer una inmersión de *vietnamitismo* y dirigirme a Pleiku en las *highlands*. Vietnam profundo, puro y duro. Lo mejor que puedo decir de esa semana es que aún estoy vivo. Mil horas de furgonetas fétidas, cambios de transporte, paradas absurdas para llegar a un lugar perdido en mitad del mundo donde no fui capaz de comunicarme con nadie. Sin mapa, sin saber dónde estaba nada, la cosa llegó a ser tan delicada que fue la policía quien tuvo que sacarme de allí.

De Pleiku fui a Buon Ma Tuot, otro lugar poco memorable. Aparte de tomar buen café y alojarme en un prostíbulo, no saqué mucho en claro de aquella ciudad, así que recogí mi petate y puse rumbo a Dalat, la capital del *kitsch*. Dalat fue el antiguo retiro de verano de los franceses; casonas bonitas y todo eso. Para los vietnamitas es el lugar donde todo recién casado *debe* pasar su luna de miel. ¿Sabéis a qué me refiero? Lago con barquitas de cabeza de cisne y enamorados con vestidos repolludos haciéndose fotos. Pero me gustó. Conocí a una familia que regentaba un restaurante vegetariano y que me enseñó su cocina y sus secretos, y también tuve una guerra con las verduleras del mercado, que perdí miserablemente con aguacatazo en la cabeza incluido.

Y, por fin, el sur, la vieja y bella Saigón. Pasé días alegres en una ciudad que, comparada con Hanói es Nueva York. Además, los saigonitas son gente bastante amable y me sentí como en casa desde el principio. En Saigón, los astros se conjuraron para poner en mi camino a Ana, una chica que me *adoptó* y, a lomos de su vespa, me llevó a conocer su ciudad y su cocina. Fueron días emocionantes en una ciudad vibrante y cargada de historia. De las mil anécdotas que me sucedieron aquellos días, sin duda, me quedo con el momento en que conocí a la nieta del último emperador de Vietnam y también con mis excursiones a Cholón, el barrio chino de la ciudad. Memorable.

Antes de marcharme de Vietnam, pasé mis últimos días en Chau Doc, una pequeña ciudad pegada al Mekong y a Camboya. No pude tener mejor despedida: paseos en bici por los pueblos musulmanes, horas perdidas en cafés, conversaciones de budismo con gente educada. El paraíso fronterizo. Pero la visa expiraba y debía cruzar a Camboya, así que hice examen de conciencia y, tomando la última cerveza Larue, llegué a la conclusión de que Vietnam había sido muy generoso conmigo regalándome aventuras y experiencias imborrables.

Camboya, tierra roja bajo mis pies

Siempre pienso que Camboya fue la parte más divertida e intensa del viaje. Casi dos meses de pasármelo bien rodeado de buena gente y lugares hermosos, y también de dureza, carreteras infernales, suciedad apabullante y situaciones absurdas.

Phnom Penh me gusta. Es manejable, humana y con muchos rincones interesantes. Me alojé en una pensión sucia y húmeda, pero lejos de los mochileros y muy bien situada, a dos minutos del Psar Tmei, el mercado central. Durante semanas, mi único objetivo fue comer y tratar de desentrañar la compleja cocina khmer. Por suerte, varias personas me ayudaron: Thavy, Veasna, Nial. Gente que me regaló claves y me ayudó a dar pequeños pasitos en mi ceguera. Hubo momentos surrealistas, como las siete noches que pasé con mi amigo Juan tratando de probar toda la carta de un restaurante tradicional camboyano. Veladas de birras Angkor y salteados de ternera con hormigas aladas.

Usé Phnom Penh como base central y punto de ida y vuelta de mis *expediciones*. Como quería ver qué se cocía por el norte del país, pasé unos días subiendo y bajando por el Mekong, entre Kompong Cham y Kratie, y tuve la suerte de ver de cerca la dura vida de los campesinos camboyanos. Si tuviera que elegir, de entre todo el viaje, estas fueron las semanas más intensas, las mejores. No paré de pedalear entre campos, de conocer campesinos hospitalarios, de dormir en cabañas y cruzar el «gran río» en barcazas costrosas.

En la isla de Koh Pdao me alojé en la casa del señor Mik Mein, un pastor de búfalos. De manera rotatoria, las familias del pueblo me daban de comer. Siempre pescado lleno de espinas y arroz muy rico. Mik Mein, como buen anfitrión, me introdujo en la vida social del pueblo e incluso me invitó a la boda de un familiar. Fue una noche divertida en la que bailamos, tomamos cerveza caliente y vimos como una lluvia de escarabajos nos caía sobre la cabeza.

Desde Kratie cogí un bus infernal a Siem Reap; quería conocer los templos de Angkor y la cocina de esa parte del país. Siem Reap era un poblacho hace muy poco y hoy es una ciudad de cientos de miles de habitantes que solo viven para el turismo. Pereza. Así que recorrí los templos en un par de días intensos, a deshora, y visité los lugares menos conocidos. Fue una experiencia memorable, con momentos en los que me sentí tremendamente feliz.

Cuando me harté de arte, me concentré en la cocina. Contacté con Sam, un amigo dueño de una agencia de turismo, y ¡eureka! Como siempre, conocer a alguien del lugar es la clave para que todo cambie. Sam fue muy generoso y, además de enseñarme muchos restaurantes fuera de la órbita turística, también me presentó a su grupo de amigos, con los que compartí noches de póker y cerdo asado.

Pero, de nuevo, las mejores experiencias de Siem Reap sucedieron cuando me acerqué al mundo rural, para mí lo más hermoso de Camboya. Conocí un par de pueblos del lago Tomle Sap, de esos que viven la mitad del año cubiertos por el agua. Comí pez gato, aprendí a cocinar con sus habitantes y vi un modo de vida único e increíble. Además, Sam, convencido de que la cocina de Camboya solo se encuentra en sus pueblos, me llevó a que una familia campesina me enseñase sus recetas y sus tradiciones.

Con tristeza dejé Siem Reap, pero había que seguir el camino. Mi siguiente destino fue Battambang, una ciudad pequeña acodada al río Sangke y con una rica herencia francesa. Y como no esperaba gran cosa, el lugar me encantó. Además de visitar más templos, volví a perderme por los caminos para conocer el modo de vida camboyano. Visité los pueblos donde hacen papel de arroz, chapoteé en un fétido mercado de *prahok*, comí hasta reventar en una boda y un maestro de pueblo me enseñó su modo de vida campesino.

Desde allí regresé a Phnom Penh para despedirme. Pasé otros días comiendo y visitando mis lugares favoritos y, como no le quedaba demasiado tiempo a mi visa, llegó el momento de pensar en marcharme. Mis dos últimas semanas las pasé en Kampot, un pequeño pueblo de la costa sur. Fueron días geniales, porque Kampot es un lugar mágico y hermoso y, sobre todo, porque en aquellos días aún estaba fuera del foco de los turoperadores. Kampot lo tiene todo: es pequeña, está llena de viejas casas francesas y chinas, tiene un río hermoso por el que cada atardecer los barcos del calamar salen a la mar y cuenta con unos alrededores de película. Por si esto fuera poco, a 25 kilómetros está Kep y su renombrado mercado de cangrejos. Toda la costa es famosa por su cocina, que mezcla el marisco y la maravillosa pimienta de Kampot. ¿Se puede pedir más?

En Kampot fui feliz. Me puse gordo de comer cangrejos y calamares a la pimienta verde y, para bajar la barriga, pedaleé los alrededores y me requemé bajo el sol. Regateé con las pescadoras de cangrejos, duras y divertidas, y encontré a los artesanos que siguen haciendo noodles igual que hace 500 años. Si hubiera podido parar el tiempo en algún momento del viaje, quizá habría sido allí. Sobre todo, por la seguridad de que ese pequeño milagro no iba a durar mucho antes de que los alegres mochileros lo inundasen.

Dije adiós a Kampot, cogí una furgoneta con doce personas más y me dirigí a Koh Kong, pegado a la frontera tailandesa. El viaje fue una metáfora de cómo habían sido mis días en el país: abigarrado, duro, absurdo y siempre divertido. Koh Kong es un lugar fronterizo con un punto a Oeste salvaje. Solo me quedé un par de días. Me despedí de los cangrejos y la cerveza Angkor en la playa de Koh Yor y, una mañana encapotada, cogí una moto hasta la frontera. Mientras corría levantando un mar de bolsitas de plástico a mi paso, no podía dejar de pensar en la cantidad de amigos que dejaba atrás y en las experiencias felices e intensas que había tenido. Hasta muy pronto, Camboya.

Tailandia: *lost in translation*

¿Os acordáis de Bill Murray perdido en las calles de Tokio? Pues así me sentí durante buena parte de mi viaje por Tailandia. Yo, claro, venía muy mal acostumbrado de los camboyanos y su dulzura, y me encontré con gente que, sobre todo en las zonas turísticas, de dulce tenía poco. Eso, unido a un idioma incomprensible, al poco interés de la gente por comunicarse y a una cocina inmensa y compleja hizo que me sintiera perdido durante semanas.

Bangkok puede desesperarte con facilidad. Es inmensa, calurosa, atascada, con vendedores malhumorados y tiene una de las ofertas gastronómicas más maravillosas del mundo. Así que estuve muchos días sonado. Me alojé en la pensión de Petty, un lugar húmedo y caluroso y con una dueña tarada. Otro paraíso asiático.

Es tal la cantidad y complejidad de la comida tailandesa que por momentos me sentí como una hormiguita frente a la muralla china. Entenderla me pareció una tarea hercúlea, pero no me importó. Compré libros, estudié blogs y comí sin parar, preguntando y tratando de saber qué estaba comiendo. Fueron tres semanas de locos, hasta que me di cuenta de que había conseguido arañar la costra y comenzaba a comprender un poco de todo aquello.

Pero hay un momento en que Bangkok te satura. Lo sabes porque comienzas a responder a las vendedoras callejeras con la misma mala hostia que ellas. Cuando llega ese momento es mejor tirar la toalla y poner tierra de por medio. Así que, una noche cualquiera, dejé mi mal humor en la pensión de Petty y tomé un tren hacia el septentrión.

Chiang Mai es la gran ciudad del norte de Tailandia. Es bonita, amurallada y llena de templos. También de mochileros y de buenísima comida. Lo uno por lo otro. Su cocina es diferente por completo a la del resto del país; así que ese era mi objetivo, conocerla y comer todo lo posible.

En Chiang Mai hay tanto turista que uno puede caer en su trampa y perder mucho el tiempo. También descorazonarse pensando que la ciudad no tiene mucho que ofrecer. Pero, como en tantos lugares, basta con alejarse unos pocos metros de las «zonas invadidas» para encontrar un mundo fascinante. Huí de la puerta de Ta Phae y me concentré en los mercados de Warorot y Muang Mai, que son lugares donde tomar el pulso de la ciudad. Es una maravilla llegar allí muy temprano, cuando aún no hay ningún visitante, mientras llegan los vendedores y los puestos se van armando.

También visité decenas de restaurantes especializados en cocina *lanna* y, cual poseso, me dediqué a comer *sai oua*, una salchicha norteña llena de guindillas y aromas de galanga y lemongrass. Engordé, para qué mentir.

Cuando ya tenía bastante en mis venas de ciudades saturadas, decidí que necesitaba conocer otra cara más real y tranquila de Tailandia, así que tomé la decisión de hacer el resto de mi viaje a través de pequeñas ciudades de provincias, de esas que solo merecen un par de líneas displicentes en las guías de viaje. Elegí al azar tres de ellas: Phrae, Mae Sot y Songkhlá. Y, como siempre que uno toma el «sendero de la mano izquierda», fue una experiencia intensa y enriquecedora.

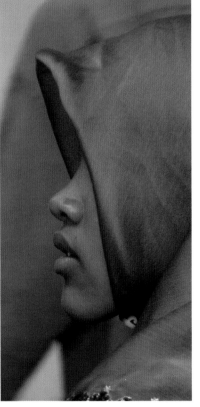

Mi primera parada fue en Phrae, una ciudad amurallada a apenas cuatro horas de Chiang Mai. Salir de las zonas turísticas de Tailandia es entrar en otro mundo. De repente todo se relaja, desaparecen los vendedores pesados y las caras estiradas. En su lugar suele encontrarse una Tailandia desconocida hasta entonces, mucho más real y cotidiana, y también una sociedad tradicional, profunda y muy orgullosa de su herencia.

No pude ser mejor recibido en Phrae. Me alojé en una antigua casa de madera, con una familia que apenas hablaba inglés, pero estaba loca por agradar. Y, sin saber cómo, enseguida tenía un grupo de amigos en la ciudad, entre ellos Nin, la dueña de un puesto de ensaladas *isaan*. Me pasé una semana paseando en bicicleta y pasando tiempo en los muchos y hermosos templos de la ciudad. De alguna manera me reencontré y puse orden al viaje y al caos que tenía en la cabeza. Ah, y también comí mucho, incluidas algunas de las cosas más raras de todo mi periplo. No sé por qué, pero cada noche acabábamos en el patio frente a la casa de Nin, en una mesa llena de arroz glutinoso, cervezas templadas y platos recolectados en diez mercados que yo era incapaz de reconocer. Entre ellos, un encurtido de rana hervida que me pareció gris e incomible, pero también alguna de las deliciosas ensaladas *machacadas* típicas de la zona.

Mi siguiente destino fue Mae Sot, una ciudad pegada a la frontera birmana. Llegar me exigió casi 24 horas de sainete. Y, como me pasa a menudo, nada más aterrizar, ya estaba arrepintiéndome de estar allí. Me alojé en un hotel parecido al de los Monster y me quedé varios días recorriendo la zona. Lo mejor de Mae Sot es que está lejos de todo y es difícil ver a ningún occidental. También es el hogar de miles de refugiados birmanos que huyeron de la dictadura de su país. Encontré un pequeño restaurante birmano que tenía un horno tandor con un par de muy buenos panaderos. Lo convertí en mi cuartel general para escribir y tomarle el pulso a la ciudad. Me pasaba horas allí, tomando té con leche y comiendo pan *namya* calentito con un cuenco de dal. Y, como siempre, al final le cogí el punto a la fronteriza Mae Sot.

Regresé a Bangkok solo por una semana. Me alojé en otro barrio y me apliqué a comer como si no hubiera un mañana. En ese momento, ya casi comprendía la comida callejera tailandesa y era capaz de pedirla con éxito. Así, sin saber muy bien por qué, se produjo un cambio en mí. Comencé a sentirme muy a gusto en la gran ciudad. Quizá fue el cambio de alojamiento o que me rodeé de gente agradable, no lo sé, pero el caso fue que conocí otra cara de Bangkok y también que comenzaron a pasarme muchas cosas buenas.

Me marché de Bangkok feliz, porque por fin había encontrado su ritmo y me había sentido a gusto en sus calles. Cogí un tren hacia al sur. Pasé un par de noches en la ciudad de Trang y, como el lugar no me dijo mucho, puse rumbo a Songkhlá. Y de nuevo un relámpago y un enamoramiento súbito. Me encontré lo que no buscaba. Una ciudad modesta pero bonita y, sobre todo, una calle, la «de la mujer hermosa», que reunía en 100 metros toda la complejidad del sur de Tailandia. En el norte, los tailandeses chinos; en el sur, los musulmanes, y en medio de aquella mezcla, tiendas, mezquitas, templos, casas de noodles y alguna de la mejor comida de todo el viaje. Un auténtico «final feliz» en Tailandia.

Malasia, Penang y algo más

Una tarde de lluvia, con fiebre y en furgoneta, me despedí de Tailandia rumbo a su vecina del sur.

Hablar de Malasia es hablar de Penang, uno de mis lugares «en el mundo». Si por mí hubiera sido, me habría quedado allí cuatro meses seguidos sin hacer nada. Llegué a Penang en un momento muy especial, cuando la Unesco ya la había declarado Patrimonio de la Humanidad, pero aún se encontraba fuera del radar del turismo de masas. Había pocos negocios orientados al extranjero, así que me encontré con una ciudad preciosa, llena de vida local y en la que los turistas aún eran una anécdota.

Pasé casi tres semanas en mi querida Penang. Fue el único lugar del viaje donde rompí mis normas y me junté con varios extranjeros. Sí, es cierto. Pero en mi defensa debo decir que eran *outsiders*, gente rara, a la que como yo le interesaba muy poco el «mochilerismo» y estaban encantados de empaparse de vida local. En cierto modo eran una comunidad de gente varada a la que Penang había atrapado en sus redes.

Enseguida conocí a «Pang y el clan de los hainaneses», un elemento clave del viaje. Pang regentaba un viejo kopitiam al lado del mercado de Chowrasta. De tanto ir allí, nos hicimos amigos y comenzamos a salir juntos. Me introdujo en su círculo de colegas, un grupo de viejos cocineros chinos, borrachos y divertidos. Fueron días de salir y comer mucho, y también de poner en peligro mi hígado de tanto tomar skoll mezclada con Guinness. Frecuentamos el Red Garden cada noche, pero también sociedades chinas cerradas a los extranjeros y tugurios donde los asiáticos se dejan el dinero y el alma jugando a cualquier cosa imaginable. Nochecitas «toledanas».

Con una lágrima rodando por mi mejilla, me fui de Penang sabiendo que nunca volvería a ver aquel ambiente único. Y de la gloria pasé a Khota Barhu, una ciudad de mayoría musulmana situada en la costa este de Malasia. Y así como soy capaz de enamorarme rápido de algunos sitios, con otros no logro que surja la chispa. Eso me pasó en aquella ciudad. Aun así, hubo momentos felices y surrealistas, como cuando fui el centro de atención de todo un estadio de fútbol o cuando tuve la oportunidad de asistir a la clase de cocina más puerca de mi vida. Al menos la comida, mezcla entre árabe y sudeste-asiática, me pareció deliciosa.

Como sabía que aquello no daba más de sí, volví a hacer el petate y no sé muy bien qué mosca me picó, pero me fui a las islas Perenthian. Yo soy poco de playa y mucho menos de las «ibizas» del mundo. Pero allí que me planté, en una islita de aguas cristalinas, *raves* y alegres *teenagers* hormonados. *What the fuck* fue lo primero que dije. Y después dije *what the fuck*, pero mucho más fuerte al ver que la oferta gastronómica imperante era la pizza y la hamburguesa. Así que volví a cruzar al continente y, en un bus nocturno, me planté al otro lado del país.

Kuala Lumpur es la horma de mi zapato, la ciudad a la que no consigo hacerme. Tuvo que ser bonita hace años, con barrios con personalidad y muchos edificios antiguos, pero en algún momento sus dirigentes decidieron convertir la ciudad en un lugar invisible y se dedicaron a sepultar las casitas de madera y los barrios añejos en una maraña de cemento, pasos elevados y autopistas. Abajo lo antiguo, viva el hormigón armado. Y tuvieron éxito.

Así que mis semanas allí las dediqué a moverme entre líneas, buscando el alma de una ciudad que parecía haberla perdido, y encontré cosas que me gustaron mucho. El barrio de Kampung Barhu, que parece sacado de otro tiempo; las callejas del centro; algún mercado y varios viejos kopitiam que resisten milagrosamente a la especulación. Y debo decir que, de nuevo, encontré que la gente era realmente amable bajo la costra de seriedad. Fue fácil entablar conversación con gente desconocida, charlar con los cocineros e, incluso, disfrutar mucho donde parecía poco probable llegar a hacerlo.

Y de la capital seguí camino al sur, hasta la mítica Malacca. Malacca fue, sin duda, la gran decepción de mi viaje. Ya había estado allí años atrás, justo en el momento de la concesión del galardón como Ciudad Patrimonio de la Humanidad. En ese momento seguía siendo un lugar hermoso y vivo. Cuando regresé, todo había desaparecido. El turismo había convertido el centro y los lugares más emblemáticos en decorados llenos de tiendas de souvenirs y restaurantes destinados a los desembarcos masivos de extranjeros que tenían lugar cada fin de semana.

Triste, hice de tripas corazón y me centré en un barrio pegado al cementerio chino, donde aún quedaban un par de mercados tradicionales y parecía que a los vecinos aún se les permitía vivir. Y fue muy agradable estar allí, en un lugar que tenía una cierta sensación de provisionalidad, de pueblo de Astérix, condenado a hacer las maletas en un momento no muy lejano para dejar su lugar a otro Starbucks.

La despedida de Malacca fue triste, porque estaba seguro de que el gran tsunami del turismo que todo lo revienta engulliría antes o después Penang y Kampot, y todos los demás lugares hermosos que había conocido. Tiempos modernos.

En unas pocas horas crucé la frontera y entré en Singapur, el lugar donde había empezado todo. Habían pasado cerca de diez meses desde que dejé Madrid y a esas alturas ya solo quería ver a mi familia y mis amigos, y volver a sentir el abrazo cálido de las calles de mi ciudad.

Así que dediqué mi última semana a recorrer la bella y ordenada Singapur de arriba abajo, visitando museos, haciendo compras y tomando mis últimos almuerzos asiáticos. Sentí alegría por volver y, a la vez, una tremenda nostalgia por el viaje que estaba a punto de terminar. La última noche, como un ritual, fui al bar de Dunlop Street donde en 2006 había parido la idea de comenzar este libro y entre cervezas me puse a recordar todas las experiencias de los últimos meses y a toda la gente que me había emocionado.

Y después de 303 días embarqué con destino a mi anhelado Madrid. No me había saltado ni un solo día mi rigurosa dieta asiática. A pesar de haber comido con voracidad, había perdido 5 kilos y estaba flaco y barbudo como un Robinson. Durante el vuelo intenté poner en orden mis ideas, pero me fue imposible. Sin cesar, me venían imágenes del viaje recién terminado a la mente y del trabajo que tenía por delante para ordenar todo lo vivido.

—Bah —musité—, ya lo pensaré mañana.

Y mientras pedía una cervecita, me acurruqué en mi asiento pensando en el cocido que mi madre estaría preparando en ese mismo momento para recibirme.

ANTES DE EMPEZAR A COCINAR

El objetivo principal y casi único de estas *memorias culinarias* es que todos los que me estáis leyendo os animéis a cocinar las recetas del libro. También me gustaría que la próxima vez que visitarais el sudeste de Asia os aventurarais más allá del restaurante del hotel y que os mancharais y decidierais pedir algo más que Pad Thai.

Cocinar comida asiática es muy sencillo, solo hay que dominar ciertas claves para que todo nos resulte tan familiar como preparar un pisto. Estos son mis consejos:

1- Empieza leyendo la receta como si fuera un cuento. Familiarízate con ella, cierra los ojos e imprégnate con su historia. Deja que te hable.

2- Ten presente mi mantra: «la cocina asiática es laboriosa de preparar, pero muy fácil de cocinar». Muchos de los platos se cocinan en menos de 10 min.

3- Piérdeles el miedo a las listas largas de ingredientes. No te preocupes si son 10 o 20, sé heterodoxo y emplea lo que tengas, pero ten en cuenta que un sabor *asiático* se puede conseguir con 3 o 4 ingredientes básicos.

4- Antes de empezar a cocinar, tenlo siempre todo preparado y a mano. Solo después enciende el fuego; es el mejor camino hacia una receta sabrosa.

5- Procura familiarizarte con los ingredientes, prueba diferentes marcas y elige la tuya. De este modo tus platos siempre saldrán bien, con el sabor y la sazón que tú quieres. Además, elige tu supermercado asiático *de guardia*. Déjate ver, conoce a los dueños y permite que te aconsejen.

6- Sazona tus platos con moderación y rectifica al final. A veces las salsas de soja o de pescado tienen diferentes grados de salinidad, que además se acentúan con el paso del tiempo. Recuerda que en mis recetas puedo estar usando salsas menos saladas que tú.

7- Si algún plato no resulta como esperabas, no te preocupes; hazlo de nuevo, seguro que te sale mejor. Si yo no lo hubiera intentado mil veces, este libro no estaría en tus manos.

8- Y, por último, te doy el consejo que le dan a la desdichada Brittany Murphy en la película *Ramen Girl*: «Para de pensar, usa tu corazón...»

Gracias a tod@s por estar ahí.

Nota – Casi todas las recetas del libro son para 2 personas. He preferido hacerlo así, porque las comidas asiáticas son de muchos platos con pequeñas porciones.

Nota 2 – En la mayoría de recetas puedes sustituir la proteína animal por algún vegetal para hacer el plato vegetariano. Si eres vegano sustituye la salsa de pescado por salsa de soja clara.

TABLA DE MEDIDAS

½ cucharadita (cdta.) =
2 g de líquido / 2,5 ml

1 cdta. = 4 g de líquido / 5 ml

½ cucharada (cda.) =
6 g de líquido / 7,5 ml

1 cda. = 12 g de líquido / 15 ml

½ taza = 125 ml

1 taza = 250 ml

PESOS ÚTILES

1 chile fresco grande: 20-25 g aprox.

1 chile seco grande: 3-4 g aprox.

1 chile ojo de pájaro: 2 g aprox.

1 chile ver indio pequeño: 4 g aprox.

1 rodaja fina de jengibre/galanga:
2-3 g aprox.

1 raíz de cilantro mediana: 5 g aprox.

1 tallo de lemongrass: 15 g aprox.

1 manojo de cebolletas chinas (5 u.):
180 g aprox.

Sal fina:
1 cdta. = 7 g aprox. / 1 cda. = 20 g aprox.

Sal gruesa:
1 cdta. = 4 g aprox. / 1 cda. = 12 g aprox.

Azúcar blanco:
1 cdta. = 4 g aprox. / 1 cda. = 14 g aprox.

Azúcar de palma:
1 cdta. = 3 g aprox. / 1 cda. = 10 g aprox.

Pasta de gambas:
1 cdta. = 7 g aprox. / 1 cda. = 20 g aprox.

Pasta de curry:
1 cdta. = 8 g aprox. / 1 cda. = 25 g aprox.

Cúrcuma molida:
1 cdta. = 3 g aprox. / 1 cda. = 8 g aprox.

Coriandro:
1 cdta. = 2 g aprox. / 1 cda. 7-8 g aprox.

Comino:
1 cdta. = 3 g aprox. / 1 cda. = 10 g aprox.

Pimienta negra en grano:
1 cdta. = 4 g aprox. / 1 cda. = 10 g aprox.

Hinojo en grano:
1 cdta. = 3 g aprox. / 1 cda. = 8 g aprox.

Polvo de especias:
1 cdta. = 2 g aprox. / 1 cda. = 8 g aprox.

Zumo de ½ lima: 15 g aprox.

GLOSARIO DE INGREDIENTES «RAROS»

Achiote – Semilla de color rojo, usada en la cocina de Vietnam para enrojecer algunos platos.

Albahaca sagrada – Un tipo de albahaca tailandesa, de menor tamaño que la europea y sabor profundo a anís y regaliz.

Azúcar de palma – Es el azúcar extraído de varios tipos de palmeras. Es menos dulce que el blanco y tiene sabor a caramelo. Muy empleado en todas las cocinas del sudeste de Asia.

Cardamomo negro – Especia pariente del cardamomo verde, pero con un aroma completamente distinto, similar al cuero o la carne seca.

Char Siu – Cerdo marinado y asado al estilo chino. Se usa en múltiples recetas.

Cassia – Una variedad de canela, llamada *china*. Tiene un aroma diferente al de la común.

Cebolleta china – Es un tipo de cebolleta asiática, de forma más estrecha y aroma menos intenso que las nuestras. Es un ingrediente fundamental en Asia.

Chile ojo de pájaro – Un tipo de guindilla de pequeño tamaño y muy picante, usada sobre todo en Tailandia.

Copos de chile – Copos de guindillas secas trituradas. Es menos picante que en polvo y se usa para hacer aceite de guindillas.

Daikon – Nabo de color blanco y gran tamaño, muy usado en la cocina de Vietnam.

Galanga – Raíz similar al jengibre, pero con un sabor apimentado, muy diferente. Básica para preparar pastas de curry.

Garam Masala – Mezcla de especias tostadas típica de la India.

Hojas de curry – Hoja de un árbol tropical muy empleada en las cocinas del sur de la India y Sri Lanka. A pesar de su nombre, no tiene nada que ver con el curry.

Kroeung – Pasta de curry típica de la cocina camboyana.

Kankung – Planta también conocida como *espinaca de agua*. Es un vegetal que crece en los estanques y se usa mucho en todas las cocinas del sudeste de Asia.

Lemongrass – Es un tallo con un fuerte olor a limón. Se usa mucho en pastas y curries. También se le conoce como hierba limonera o limoncillo.

Limas en salmuera – Limas enteras conservadas en salmuera. Es una especialidad vietnamita y se usa en salteados y sopas.

Lima kaffir – La lima kaffir es un cítrico. Su fruto no tiene zumo, pero las hojas son muy aromáticas y son básicas en muchos curries. Se encuentran congeladas.

Nam prik pao – Mermelada tailandesa de guindillas tostadas.

Noodles – En el libro empleo 3 tipos básicos de fideos; de arroz, de trigo y los llamados de celofán o cristal, preparados con judías mungo.

Nuez de vela – Un tipo de fruto seco empleado para espesar curries. Se puede sustituir por almendras.

Orejas de madera – Un tipo de hongo seco. No tiene mucho sabor, pero se usan para aportar un toque crujiente.

Pandan – Planta cuyas hojas se usan en repostería y platos salados en muchas recetas del sudeste de Asia. En España se pueden encontrar congeladas.

Papel de arroz – obleas confeccionadas con harina de arroz. Son muy quebradizas y necesitan hidratarse en agua caliente antes de su uso. Se emplean mucho en la cocina de Vietnam, por ejemplo, para hacer rollos de ensalada.

Pasta de gambas (Blachan/Kapi) – Las pastas de gambas fermentadas en sal son un saborizante básico en el sudeste de Asia. De aroma muy fuerte, al tostarse en seco desprende olor a gambas fritas.

Pimienta verde – Los racimos de pimienta verde, sin madurar, se usan mucho en la cocina camboyana por su sabor fresco y ligeramente picante.

Polvo de 5 especias – Mezcla de especias típica de China. Suele llevar pimienta de Szechuan, clavos, cassia, hinojo y anís estrellado. Su aroma es tan potente que hay que usarlo con mucha moderación.

Rempah – Nombre malayo de la pasta de curry.

Salsa Hoisin – La salsa *barbacoa* china. De origen cantonés, se usa en platos como el pato lacado o el cerdo char siu.

Salsa de pescado – Salsa preparada a partir de la fermentación de pescado en salazón. Su aroma es muy fuerte, pero le imprime a la comida un sabor único. Es la base de la sazón de todo el sudeste de Asia.

Salsa de soja – Salsa preparada con judías de soja fermentadas. Es la base de la sazón en la cocina china. Hay dos tipos básicos; *clara*, que es muy líquida, salada y no tiñe la comida, y *oscura*, que es una salsa madurada y con caramelos añadidos, y que es más espesa y tiñe la comida.

Salsa de ostras – Salsa espesa basada en la salsa de soja con caramelo y extracto de ostras.

Salsa Sriracha – Salsa de guindillas tailandesa muy famosa. Es dulzona y algo picante.

Sambal – Nombre para definir a las pastas de guindillas en Malasia. Pueden ser frescas o cocinadas.

Setas Shiitake – Es un tipo de seta cultivada en China y Japón. A menudo se vende seca. Necesita hidratarse y su caldo es la base de muchos guisos.

Tamarindo – Fruta tropical. Se usa su carne disuelta en agua para darles un punto ácido a muchos platos.

Taucheo (judías fermentadas) – Pasta de judías saladas fermentadas. Se emplea en guisos y rellenos.

Tofu – *Queso* elaborado con judías de soja. Es una gran fuente de proteínas muy sanas. Aunque es insípido, se usa en muchas recetas por su capacidad para absorber otros sabores.

Vino chino – Vino de arroz usado para guisar y saltear. Su aroma se asemeja mucho al del vino de Jerez.

Ya Cai (verduras encurtidas chinas) – Encurtido preparado con tallos de mostaza. Es ácido y de aroma fuerte.

Y DÓNDE COMPRARLOS

Hace 5 años comprar ingredientes asiáticos en España era complicado; sin embargo, hoy en día, las cosas han cambiado radicalmente. Todos los ingredientes del libro son sencillos de encontrar en Madrid, Barcelona y cualquier ciudad de tamaño medio.

En Madrid, mi ciudad, estos son los lugares donde compro a diario:

- Mi favorito es Ta Tung, en la calle Mozart, 6, frente al centro comercial Príncipe Pío. Además de tener muchos productos, poseen 2 cualidades únicas: personal amable y que habla castellano.

- Mercado de los Mostenses, al lado de la plaza de España. Es el mejor lugar para encontrar vegetales frescos. Frente al mercado y en la calle Leganitos hay varios súper orientales.

- La calle General Margallo, en el metro de Tetuán, es donde compran la mayoría de los restaurantes asiáticos de la ciudad y hay al menos una docena de tiendas de comestibles y utensilios de cocina.

- El barrio de Usera es el Chinatown madrileño, con decenas de restaurantes y establecimientos donde comprar productos chinos y del sudeste de Asia.

- Para comprar ingredientes indios y especias, lo mejor es el barrio de Lavapiés, el Little India de la capital. El que más me gusta es Foodland S. L., en el número 88 de la calle Amparo. En la calle Lavapiés también hay otros muchos badulaques.

En Barcelona tampoco hay problema para encontrar supermercados orientales; estos son algunos:

- Dong Fang Extremo Oriente, en la calle Balmes, 6.

- Oriental Market, en la calle Sicília, 212.

- Superstore Asian Food, en la calle Tallers, 77.

- Yueng Tong, en la calle Nàpols, 177.

En Valencia está Asiática, en el Mercat Central (Pasillo Luis Vives, 169-170).

En Valladolid tenéis una buena tienda en la calle Panaderos, 27-29.

En Sevilla, Hiperoriente II, en la avenida de Kansas City, 1-3.

En A Coruña está el Supermercado Amigo, en la calle Tornos, 22 (zona Sagrada Familia).

En Vigo, Sol Rojo, en la avenida Gran Vía, 144.

Vietnam

VIETNAM

VIETNAM

La cocina vietnamita

La cocina vietnamita es una de las más ricas y conocidas de Asia. Está basada en productos de temporada y se ha convertido en una de las grandes gastronomías mundiales. Los sabores sin enmascarar, la simplicidad y el equilibrio son básicos en ella. Las recetas son saludables y se preparan rápidamente, sin abusar de salsas ni contrastes extremos de sabor. Platos suaves y naturales que cada comensal realza y modifica a su gusto con los acompañamientos que siempre hay encima de la mesa.

Es una cocina basada en la frescura. Las neveras y los supermercados son casi inexistentes en Vietnam, y los mercados tradicionales siguen siendo el lugar preferido para hacer las compras. Las verduras llegan diariamente de los campos y en los puestos se sacrifica a los animales antes de venderlos. Esto se traduce en una cocina ligera, con pocas grasas, llena de hierbas y especias, y mucho pescado y marisco.

Influencias externas

La cocina vietnamita ha estado marcada por una historia de pobreza. En épocas de escasez, los campesinos se conformaban con comer yuca, sal y cacahuetes. Guerras e invasiones han forjado un pueblo resistente y una cocina campesina basada en el aprovechamiento del entorno.

Los chinos ocuparon durante mil años el país y dejaron su huella en cada aspecto de la vida cotidiana. Trajeron el cultivo del arroz, del té y el gusto por lo vegetariano. Muchos guisos, sopas, fondues o platos a la parrilla son de origen chino, como lo son también el empleo de los palillos, el wok y el salteado, o su amor apasionado por los noodles.

Otra gran influencia la ejercieron los reinos Cham, que gobernaron el centro y el sur de Vietnam durante largos periodos. Este pueblo, de religión hindú, era gastronómicamente muy cercano a las cocinas de la India. Los mercaderes y comerciantes que venían del Índico les enseñaron a los vietnamitas el uso de especias secas, el empleo de la leche de coco y a cocinar curries.

El último gran aporte llegó de muy lejos, de Francia, que entre 1859 y 1954 gobernó Indochina, en la que se englobaban Vietnam, Laos y Camboya. Además de imponer el uso del alfabeto latino, los colonos europeos trajeron consigo nuevos vegetales y técnicas culinarias desconocidas hasta entonces.

El modo de comer vietnamita

Vietnam es un país profundamente omnívoro, con una cocina casera muy sencilla, de productos frescos y económicos. Siempre se procura maximizar lo que se tiene y emplear poco combustible para cocinar. La comida callejera, en cambio, es mucho más compleja y elaborada, a menudo con recetas que incluyen decenas de ingredientes; por eso la gente va a comer a los puestos cosas que raramente se preparan en casa. Al contrario que en nuestra sociedad, donde comer fuera es una celebración, para un vietnamita hacer alguna de las comidas diarias en la calle es la norma.

Vietnam es un país de «comedores de arroz». Es la base de la comida y el resto de los platos son meros acompañamientos para aportar sabor. Incluso el saludo habitual, *moi am com*, se traduce como «¿Has comido ya arroz?». Las dos variedades de arroz más consumidas en Vietnam son el jazmín *(gao te)* y el glutinoso *(gao nep)*. El arroz se denomina *gao* cuando está crudo, *com* cuando está cocido en una cazuela y *xoi* cuando es al vapor. Asimismo, el consumo de arroz no se limita a comerlo en grano, sino que tiene muchas otras variantes, como los noodles o el papel de arroz.

La sazón de los platos es sencilla, aunque según nos desplazamos de norte a sur va haciéndose más picante, especiada y dulce. La sal se emplea poco y en su lugar se usa la salsa de pescado, *nuoc man*, el pilar indiscutible de la cocina de Vietnam. Es tan importante en el inconsciente colectivo del país que se dice que los vietnamitas ganaron *su* guerra con salsa de pescado y bicicletas. Se prepara fermentando anchoas, agua y sal durante meses, hasta destilar un líquido de color caramelo y alta salinidad, con un aroma fuerte a pescado y un gusto suave. Es la base para sazonar todos los platos. Al preparar la salsa de pescado se produce un «residuo» sólido llamado *mam*, que también se emplea como sazón. El más popular es el *mam tom*, una pasta púrpura de gambas tan apestosa que los americanos la conocían como «los gases lacrimógenos del Vietcong».

Los vietnamitas son también grandes «comedores de hierbas», algo que los diferencia de otras cocinas del sudeste asiático. En cada mesa siempre hay un plato comunal llamado *rau song*. Sirve para que los comensales

condimenten cada bocado a su gusto, añadiéndolo a su bol, envolviéndolo en papel de arroz o dando bocados a los ramilletes. El plato se compone de diferentes aromáticos, brotes tiernos de lechuga, flores de plátano, pepino o soja. Además de dar sabor, estas hierbas tienen propiedades medicinales, desengrasantes, texturas crujientes y el frescor esencial de su cocina.

En Vietnam se interactúa constantemente con los alimentos. En primer lugar, los platos que vienen de la cocina se terminan de aliñar en la mesa con salsa de pescado, vinagre, azúcar o guindillas, así que cada plato es personal e intransferible. Además, otra característica que solo se encuentra en Vietnam es el hecho de envolver la comida en papel de arroz. Cada oblea representa el mundo y los gustos de cada persona. Los comensales enrollan en ellas sus bocados y salsas preferidas, formando un «taco» único.

Las tres cocinas de Vietnam

Simplificando mucho, podríamos dividir la cocina de Vietnam en tres grandes regiones, de norte a sur.

En el norte, de clima más frío, la disponibilidad de especias y vegetales es más limitada, por ello su cocina es sencilla, campesina y menos aromática. Los sabores son suaves y equilibrados, con platos menos contrastados que en otras zonas. La influencia china es más evidente que en el resto del país, lo que se aprecia en el mayor uso de la salsa de soja, la pimienta, el jengibre, la galanga y los noodles, y el escaso uso de los chiles. Aunque todo el país es

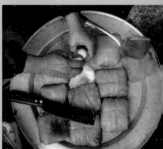

profundamente omnívoro, Hanói se lleva la palma. Los norteños son grandes aficionados al thit cho, la carne de perro, y a otras muchas comidas «extrañas» para un occidental.

En el estrecho centro del país se unen las tradiciones culinarias del norte y del sur. Fue allí donde más poder tuvieron los reinos Cham. Además, la cocina estuvo marcada por la presencia de la corte imperial en la ciudad de Hue, donde los emperadores gobernaron hasta el año 1945. La cocina palaciega fue a la vez exuberante y sutil, y le dio gran importancia al número de platos, a su preparación y a una presentación fantasiosa. Esta cocina de corte se trasladó después a las calles y las casas de la región, haciendo que Hue se conozca por sus platos pequeños, refinados y con una presentación muy cuidada. En general, la comida es más especiada y picante que en el norte.

El sur tiene unas características históricas que la hacen única. Por un lado, durante siglos la región perteneció a Camboya, y por otro, es el área donde el poder francés fue mayor. Es la zona más rica y el motor económico del país. Es la región donde se producen más variedades de frutas y vegetales, y esto se nota en su cocina colorida y exuberante. Es una cocina más tropical, compleja y aromática, con mucha leche de coco, cúrcuma, ajo y especias secas. También es bastante dulzona. La influencia camboyana se aprecia en los curries, líquidos, dulces y con una mezcla de polvo y pasta de especias.

INGREDIENTES

El caldo

1 kg de huesos de ternera (rodilla y tuétano)

2 costillas de cerdo troceadas

1 trozo de rabo de toro de unos 250 g

½ kg de morcillo de ternera

20 g de jengibre fresco

1 cebolla roja mediana (de unos 250 g)

2 ajos pequeños

2 piezas de anís estrellado

½ pieza de cassia

4 clavos

1 cardamomo negro

½ cda. de pimienta en grano

10 g de azúcar de roca

100 g de daikon pelado

2 cdas. de salsa de pescado (unos 30 g)

sal

La sopa

125 g de noodles de arroz planos, hervidos
y refrescados en agua fría inmediatamente
(llamados Ban Pho)

carpaccio de ternera

la carne del caldo

cebolla en juliana muy fina para que
pierda fuerza (dejar ½ h en agua fría)

brotes de soja

cilantro picado

chile fresco ojo de pájaro picado

gajos de lima

pimienta negra

salsa Hoisin o de guindillas

PHO BO TAI

Sopa de noodles
y ternera de Hanói

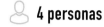

👤 **4 personas**

El Pho es la sopa más famosa de Vietnam. Su origen se remonta a finales del siglo XIX y se dice que la inventó un cocinero vietnamita para satisfacer el paladar del personal local y francés que trabajaba en una de las fábricas del pueblo de Van Cu, que, por aquel entonces, poseía una potente industria textil.

Antes de la llegada de los franceses, los vietnamitas usaban las vacas y los búfalos como animales para el transporte y la carga, y no se planteaban comérselos, pero la colonización cambió las cosas. Los colonos se quedaban con las mejores tajadas y los despojos les llegaban a los vendedores callejeros, que empezaron a usarlos en las sopas.

Parece ser que la palabra Pho proviene del francés feu, «fuego». Es fácil relacionar esta receta con el pot au feu, un guiso galo clásico de vaca y vegetales, ya que comparten muchas similitudes: en ambos casos se trata de un caldo preparado con una cocción prolongada de carne y huesos al que más tarde se le añaden vegetales tostados para intensificar su sabor. Ninguna otra sopa asiática usa esta técnica europea.

En 1925, un tal señor Van se trasladó desde Van Cu a Hanói y abrió el primer puesto de Pho de la capital. En pocos años la sopa había hecho fortuna por todo el norte del país. Tras la independencia y partición de Vietnam en 1954, miles de norvietnamitas emigraron al sur. En Saigón, el Pho era desconocido, pero se popularizó con rapidez durante los años sesenta y se convirtió en un plato más elaborado. Hoy existe un Pho del norte (Pho Bac) y uno del sur (Pho Nam), cada uno con sus propias características.

Cocinar un Pho es sencillo, pero hay que tener en cuenta una serie de pasos vitales. Lo primero: preparar un caldo sustancioso. Para ello vas a necesitar buena carne, huesos y la sazón adecuada. A continuación, hay que tostar en el horno las verduras antes de añadirlas, para dar un sabor más profundo. Y también son necesarias 4 especias: cassia, anís estrellado, clavos y cardamomo. Y poco más: cariño y calma.

Para hacer el caldo

1. Coloca la cebolla y el jengibre sin pelar en una bandeja y hornéalos a 200 °C durante 35 min. Deben quedar con la piel negra, pero tiernos por dentro. Recolócalos de vez en cuando. Retíralos, déjalos enfriar y pélalos. Limpia los trozos negros bajo el agua.

2. Puedes tostar los huesos en el horno antes de preparar el caldo; esto le proporcionará un sabor más profundo, pero también un color más oscuro.

3. Para hacer un caldo bien claro, en cambio, lo mejor es poner primero la carne y los huesos en una olla con agua fría. Déjalos hervir con fuerza 3 min y después tira el agua y lava la carne y los huesos.

4. Devuelve la carne y los huesos a la olla, y cúbrelos con 2,5 l de agua fría. Añade la cebolla, el jengibre, los ajos, el anís, la cassia, los clavos, el cardamomo, la pimienta y el azúcar. Deja que hierva despacio y luego espuma bien las impurezas de la superficie. Sazona con salsa de pescado y sal, tapa y cuece durante 1 h en una olla exprés.

5. Pasado este tiempo, deja que se enfríe, destapa y retira la carne de morcillo y los huesos. Rectifica la sazón del caldo agregando más sal, azúcar o salsa de pescado.

6. Por último, cuela el caldo, déjalo enfriar y luego desgrasa; no hace falta que quites toda la grasa, deja un poco para darle mejor sabor.

Para montar los boles

1. Una vez enfriada, trocea la carne cocida en dados.

2. Reparte los noodles en boles. Coloca encima láminas de carpaccio y alrededor, carne y brotes de soja. Pon también algo de cebolla y cilantro.

3. Calienta el caldo y, cuando hierva, viértelo en los boles para que se calienten todos los ingredientes y el carpaccio quede ligeramente cocido.

4. Decora con chile, pimienta y gajos de lima, y sazona a tu gusto. Si quieres, pon al lado un cuenco con salsa Hoisin o de guindillas para mojar la carne.

BIA HOI, la cerveza fresca de Hanói

Si paseas cualquier tarde por las calles de Hanói, encontrarás las aceras repletas de grupos de hombres sentados bebiendo Bia hoi, el pasatiempo nacional.

Bia hoi es la cerveza fresca del norte de Vietnam. Se fermenta a diario para ser consumida en cientos de pequeñas cervecerías repartidas por toda la ciudad. No tiene más de 4 °C ni ningún tipo de pasteurización, conservante o colorante; en dos días está estropeada. Se la considera la más barata del mundo, con un precio inferior a los 20 céntimos por un vaso grande; más económica que el agua embotellada.

Beber Bia hoi es toda una experiencia. No se trata de trasegar sin más, sino de mezclarse con el pueblo vietnamita. Los bares están a pie de calle, con sillas y mesas de plástico baratas y minúsculas. Tomando Bia hoi nunca estarás solo, siempre habrá algún vietnamita que se sentará a tu lado y con el que acabarás borracho y aceptándolo como amigo «para siempre».

El mejor momento para beber Bia hoi es la caída de la tarde, cuando mayores y jóvenes se reúnen tras el trabajo. Los hombres son mayoría, pero cada vez se unen más mujeres a la fiesta, sobre todo si el local es un poco más «fino».

El manual de uso es simple. Al sentarte, te sirven una cerveza con hielo o sin él, aunque no la hayas pedido, y cuando estás a punto de terminarla, el camarero aparece con otra. Y así hasta que se lo hagas saber o caigas redondo.

Mientras se bebe Bia hoi, se charla sin parar, pero también se come. El suelo está lleno de pipas y envoltorios, y los platos humeantes no dejan de llegar a las mesas. Se toman tapas —comida rápida y, a veces, deliciosa—, tofu frito, ranas guisadas, ensalada de papaya o noodles salteados. Y, por supuesto, Thit Cho, carne de perro.

Un español se siente como en casa: banquetas a ras de asfalto, gente que habla alto, parroquianos que repiten la misma broma una y otra vez, conversaciones que se tornan pastosas...

Si viajas a Hanói, déjate de tanto templo y pásate por un bareto. Solo tienes que conocer dos expresiones: *Chuksukoi!*, «¡Salud!», y *Tram pan chak!*, «¡De un trago!».

INGREDIENTES

La masa

200 g de almidón de yuca

200 g de almidón de arroz

900 ml de agua

2 cdas. de aceite de girasol

1 cdta. de sal

El relleno

200 g de carne picada de cerdo

100 g de cebolla roja picada muy finamente

10 g de orejas de madera secas,
rehidratadas y picadas finamente

½ cdta. de sal

pimienta negra

2 cdtas. de salsa de pescado

½ cdta. de azúcar

aceite de sésamo

1 cdta. de aceite vegetal

El acompañamiento

cebolla frita

salsa Nuoc Cham (ver pág. 206)

Do Chua (encurtido de zanahoria y daikon)
(ver pág. 204)

cilantro fresco

brotes de soja

BANH CUON

Crepes rellenas de orejas de madera y cerdo

 Unas 15 crepes

Banh Cuon significa literalmente «pastel enrollado» y es uno de los aperitivos preferidos y más típicos de Vietnam. Es una crepe finísima, rellena de carne de cerdo y hongos, y servida con cebolla frita y salsa Nuoc Cham. Las vendedoras de las calles son maestras preparando estas obleas: las hacen sobre una tela plástica adherida a una cazuela con agua hirviendo. En casa puedes preparar una versión similar utilizando una sartén antiadherente y haciendo la masa muy líquida, aunque siempre te quedará un poco más gruesa. Prepararlas requiere una cierta técnica, pero como la masa es barata, tendrás muchas oportunidades; además, ya verás que en poco tiempo el resultado será sensacional.

Las vendedoras de banh cuon son maestras preparando estas obleas finísimas y quebradizas. Lo hacen sobre una tela plástica adherida a una cazuela con agua hirviendo. En casa se puede preparar una versión similar utilizando una sartén antiadherente y preparando una masa muy líquida, aunque siempre será más gruesa que la original. Es fundamental emplear fécula, para que el resultado sea traslúcido y elástico. Preparar los crepes requiere una cierta técnica, porque son frágiles y pegajosos, pero hacer la masa es barato y tienes muchas opciones para ensayar. En muy poco tiempo el resultado habrá merecido la pena.

En el casco antiguo de Hanói hay muchos puestos de banh cuon, pero yo tengo mi favorito. La dueña solo cocina ese plato, desde la madrugada hasta la hora del almuerzo cuando acaba existencias. Son tan delicadas, ligeras y ricas que podría comerme media docena de una sentada. Prueba a cocinarlas y me dirás.

PREPARACIÓN

1. Mezcla todos los ingredientes de la masa sin que queden grumos y deja reposar 1 h para que tenga una consistencia elástica.

2. Salpimienta la carne. En una sartén, pon aceite y pocha la cebolla hasta que quede blanda y translúcida. Añade la carne y fríe hasta que esté cocinada. Incorpora las orejas de madera y sazona con la salsa de pescado y el azúcar. Mezcla bien. Rectifica la sazón, agrega unas gotas de aceite de sésamo y deja templar.

3. Engrasa la sartén antiadherente que vayas a utilizar con un papel de cocina untado en aceite. Haz lo mismo con un plato de tamaño mayor al de la sartén y déjalo al lado. Pon la sartén a fuego medio hasta que esté caliente. Vierte un cucharón de masa y mueve en círculos para que toda la superficie quede cubierta. Retira el exceso de líquido, debe ser lo más fina posible. Tapa la sartén y baja el fuego. Deja 1 min más a fuego muy suave. Destapa y vuelca la crepe sobre el plato.

4. Con un cuchillo, divide la crepe en dos. Pon un poco de relleno en la parte inferior de cada mitad y dobla haciendo un rollito. Ve poniendo los rollos en un plato y espolvoréalos con cebolla frita y salsa Nuoc Cham.

5. Prepara más obleas. Cada vez que viertas un cucharón, retira el exceso de líquido. Si se quedara pegado, vuelve a engrasar la sartén, pero hazlo solo cada 3 o 4 veces; si no, las crepes quedarán demasiado grasas.

6. Puedes comer los Banh Cuon acompañadas de encurtido, cilantro y brotes de soja.

COCINAR EN UNA HOJA DE PLÁTANO

Cocinar con hojas de plátano le imprime a la comida un aroma sutil y característico, además de mantener jugosos, enteros y limpios los alimentos. En España, se pueden encontrar congeladas en establecimientos asiáticos y latinoamericanos, y cada vez más a menudo, frescas en algunos mercados.

Cocinar en una hoja de plátano es sencillo, solo hay que tener en cuenta que son quebradizas, así que hace falta tratarlas para volverlas más flexibles.

Sigue estos pasos:

1. Deja descongelar solo las hojas que vayas a emplear. Corta según el tamaño que necesites y desecha cualquier parte que esté negra u oscura.

2. Para volver las hojas más flexibles, sumérgelas en agua hirviendo durante un par de minutos, hasta que cambien de color, y luego escúrrelas.

3. Coloca una hoja en la tabla de trabajar y sécala con papel de cocina, siempre en la dirección de los nervios o se romperá. Repite el mismo proceso con el resto de las hojas.

Y ya están listas para usar.

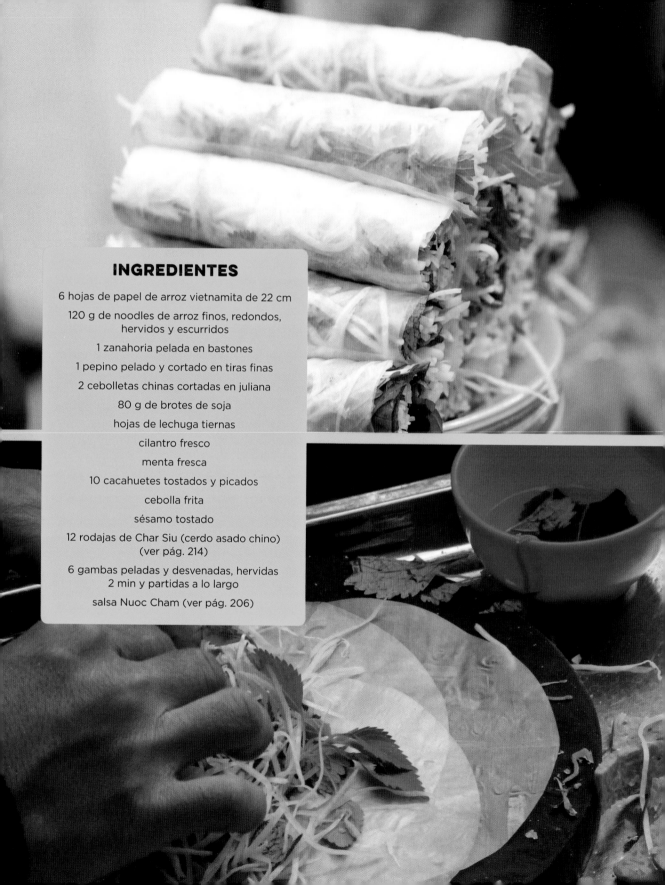

INGREDIENTES

6 hojas de papel de arroz vietnamita de 22 cm

120 g de noodles de arroz finos, redondos, hervidos y escurridos

1 zanahoria pelada en bastones

1 pepino pelado y cortado en tiras finas

2 cebolletas chinas cortadas en juliana

80 g de brotes de soja

hojas de lechuga tiernas

cilantro fresco

menta fresca

10 cacahuetes tostados y picados

cebolla frita

sésamo tostado

12 rodajas de Char Siu (cerdo asado chino) (ver pág. 214)

6 gambas peladas y desvenadas, hervidas 2 min y partidas a lo largo

salsa Nuoc Cham (ver pág. 206)

GOI CUON

Rollos frescos de ensalada

 6-8 rollos

Estos rollos son una de las recetas vietnamitas más conocidas. Son frescos, sabrosos y fáciles de preparar. Las hojas de papel de arroz que se utilizan son diferentes a las obleas chinas; estas son cuadradas y maleables, mientras que el papel de arroz es delicado y debe humedecerse antes de usarse. No es difícil de manejar; el secreto está en practicar.

Esta receta me recuerda a dos vendedoras callejeras que conocí en Hanói. Antes del amanecer, iba cada mañana al mercado de Dong Xuan a ver el ambiente de los trabajadores. Después regresaba sobre mis pasos y me sentaba en algún puesto a tomar algo. Un día me situé entre dos mujeres mayores que vendían comida: una, un pastel de arroz típico del Tet, y la otra, gachas de arroz y rollos frescos. Eran muy amables y, sin apenas entendernos, trabamos amistad. Durante casi una semana paré allí cada día. Yo les llevaba pastelitos y ellas me invitaban a café y a dulces. Aquellos rollos, de buena mañana, me sabían a gloria.

PREPARACIÓN

1. Ordena todos los ingredientes alrededor de una tabla de trabajo.

2. Para reblandecer las hojas, coge un bol de tamaño mayor que el papel de arroz y llénalo de agua caliente. Sumerge cada hoja durante unos segundos; el tiempo dependerá del grosor del papel y de la temperatura del agua, por lo general basta con 10 s. Saca el papel del agua y escúrrelo bien. Ponlo encima de la tabla. El papel ya tiene que ser maleable, pero si aún cuesta doblarlo, devuélvelo un momento al agua.

3. En la parte inferior de cada papel pon un poco de lechuga y un puñado de noodles formando un rectángulo. Encima añade zanahoria, pepino, cebolleta, brotes de soja, cilantro y menta. Pon también cacahuetes, cebolla frita y sésamo. Termina con un par de lonchas de cerdo asado. No lo sobrecargues.

4. Cierra el rectángulo con la parte de la oblea más cercana a ti y después pliega los dos laterales hacia el centro. Comienza a enrollar el rollo hacia el extremo abierto. Cuando quede una vuelta por dar, coloca dos mitades de gamba con la parte cortada hacia arriba. Cierra por completo y ya está listo para comer con salsa Nuoc Cham.

INGREDIENTES

1 paquete de obleas pequeñas de rollos de primavera (en la receta tradicional se emplea papel de arroz)

El relleno

250 g de carne picada de cerdo (aguja o paletilla)

100 g de langostinos pelados y troceados

3 cebolletas chinas picadas

15 g de noodles de celofán (remojados en agua caliente hasta que se reblandezcan, secos y cortados en trozos de unos 5 cm)

2 orejas de madera hidratadas, secas y troceadas

3 setas shiitake hidratadas, secas, sin pie y troceadas

2 y ½ cdtas. de salsa de pescado

½ huevo batido

sal

pimienta negra

½ cdta. de azúcar

El acompañamiento

hojas de lechuga tiernas, lavadas y secas

Do Chua (encurtido de daikon y zanahoria) (ver pág. 204)

menta fresca

cilantro fresco

salsa Nuoc Cham (ver pág. 206)

CHA GIO

Rollos fritos con cerdo, setas secas y langostinos

 40 rollos

Los rollos fritos son un plato nacional, aunque son originarios de China; en Vietnam han cambiado el relleno, las obleas y la salsa que los acompaña. También la manera de comerlos: envueltos en lechuga, con menta, cilantro, encurtidos y servidos con salsa Nuoc Cham.

Durante mi viaje, después de varios días en Hoian, me dirigí hacia las highlands. *El trayecto fue surrealista y duró más de veinte horas hasta que llegué a la ciudad de Pleiku. Buscaba algo distinto y vaya si lo encontré. De repente me vi en medio de una ciudad donde nadie hablaba inglés, donde la gente se me quedaba mirando los pelos de las piernas como si fueran la octava maravilla del mundo y donde encontrar hotel era una quimera. Era otro mundo:* off the beaten track. *La comida que probé no era muy buena, supongo que porque fui incapaz de dar con el puesto y el plato. El caso es que, harto de fracasar, una noche decidí regresar a los viejos clásicos y me pedí una ración grande y grasienta de rollos fritos. Et voilà, acerté y me comí uno de los Cha Gio más ricos de todo mi viaje.*

PREPARACIÓN

1. Mezcla todos los ingredientes del relleno en un bol hasta obtener una pasta homogénea y luego prueba un pellizco hecho a la plancha para comprobar el punto de sal.

2. Coloca una oblea en la tabla con un pico mirando hacia ti. Pon un poco de relleno en la parte inferior más cercana a ti formando un rectángulo; no lo sobrecargues.

3. Cierra el rectángulo con la parte de la oblea más cercana a ti y después pliega los dos laterales hacia el centro. Comienza a enrollar el rollo hacia el extremo abierto.

4. Moja la punta con un poco de huevo batido y cierra por completo. Es muy importante que esté apretado y que no dejes burbujas en el interior, porque, si no, reventarán al freírse. Sigue con el resto de los rollos.

5. Pon abundante aceite en una sartén y, cuando esté caliente, ve friendo los rollos por tandas hasta que estén dorados. Retira y escurre en una malla metálica.

6. Para comerlos, coge una hoja de lechuga y pon encima un poco de encurtido, cilantro y menta. Pon un rollo encima, cierra y moja en salsa Nuoc Cham.

BÁNH MỲ
PATÊ: 12.000Đ/C
PA THỊT : 17.000Đ
TÊ RUỐC : 17.000Đ
TRỨNG : 17.000Đ
BÁN PATÊ: 15.000Đ/ LẠNG
BƠ ĐƯỜNG

INGREDIENTES

2 barras pequeñas y crujientes de pan;
por ejemplo, de cristal

La proteína

cerdo marinado a la brasa (ver receta
de Bai Sat Chrouk, pág. 89)

paté

Las verduras

hojas de lechuga tiernas

pepino cortado en rodajas finas

cilantro fresco

Do Chua (encurtido de daikon y zanahoria)

guindilla fresca grande en rodajas finas

Las salsas

mayonesa casera

salsa Maggi o salsa de soja clara

salsa de chile o Sriracha

BANH MI THIT NUONG

Bocadillo de cerdo a la brasa y encurtidos

 2 personas

Un banh mi es una barra de pan vietnamita y es, también, el bocadillo que se prepara con ella. Su origen se remonta al pain de mie francés. Los vietnamitas adoptaron este pan, la chacina y la mayonesa, y los mezclaron con sus propias hierbas y guindillas para crear el bocadillo más barroco del sudeste de Asia.

He comido muchos banh mi a lo largo y ancho de Vietnam; sin embargo, el mejor lo encontré en Phnom Penh, la capital de Camboya. Allí se conocen como num pang y provienen de la misma tradición francesa. Un día, paseando por el Psar Tmei (mercado central) y al pasar por delante de un puesto de bocadillos muy concurrido, un muchacho me llamó diciéndome: «Cómete uno, es el mejor banh mi de toda Asia...». Dudé un instante, pero enseguida me di cuenta de que era algún enviado de la providencia para mostrarme una maravilla, así que decidí creerle y, aunque ya había comido y estaba lleno, pedí uno. El chico no mentía: me comí una obra de arte, una delicia rellena de albóndigas, paté casero, encurtido de papaya y salsa de sardinas en tomate. La mujer que prepara semejante manjar se llama Mai y lleva más de treinta años haciendo felices a los parroquianos de la puerta norte del mercado central. Si pasáis por allí, buscadla; no os arrepentiréis.

En la receta no doy cantidades, para que puedas hacerlo a tu gusto. Lo que sí debes tener en cuenta es que un banh mi canónico siempre lleva pan, proteína, verdura, hierbas y salsa.

PREPARACIÓN

1. No tiene mayor secreto, es como prepararse cualquier bocata. Tuesta un poco el pan. Luego ábrelo, retira parte de la miga y unta un poco de mayonesa.

2. Pon encima el cerdo y el paté. Coloca sobre ellos la lechuga, el pepino, el encurtido, un poco de cilantro y unas rodajas de guindilla.

3. Sazona con unas gotas de salsa Maggi y salsa de chile. ¡Y a comer!

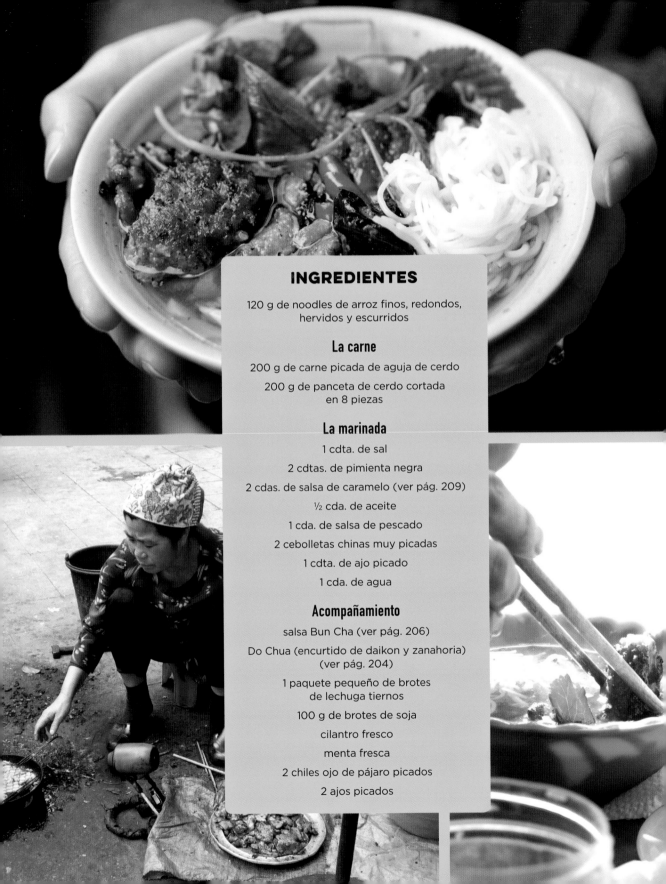

INGREDIENTES

120 g de noodles de arroz finos, redondos,
hervidos y escurridos

La carne

200 g de carne picada de aguja de cerdo

200 g de panceta de cerdo cortada
en 8 piezas

La marinada

1 cdta. de sal

2 cdtas. de pimienta negra

2 cdas. de salsa de caramelo (ver pág. 209)

½ cda. de aceite

1 cda. de salsa de pescado

2 cebolletas chinas muy picadas

1 cdta. de ajo picado

1 cda. de agua

Acompañamiento

salsa Bun Cha (ver pág. 206)

Do Chua (encurtido de daikon y zanahoria)
(ver pág. 204)

1 paquete pequeño de brotes
de lechuga tiernos

100 g de brotes de soja

cilantro fresco

menta fresca

2 chiles ojo de pájaro picados

2 ajos picados

BUN CHA

Cerdo a la brasa con noodles tibios y encurtidos

 2 personas

Cuando llegué a Hanói pensaba que el Pho era el plato de la ciudad, pero enseguida me di cuenta de que sus habitantes estaban enamorados de otro: el Bun Cha. En esencia, es solo un plato tibio de noodles de arroz con carne a la parrilla, encurtidos, hierbas y una salsa suave, pero el conjunto es perfecto y delicioso en su sencillez.

Si paseas por las calles de la capital a partir de las 11 de la mañana, verás que se forman humaredas en cada esquina; ya empiezan a asar Bun Cha. En un solo día este plato se convirtió también en mi obsesión y comencé a buscar cuáles eran los mejores sitios para comerlo. Hice muchas peregrinaciones hasta que encontré un pequeño chamizo en la parte central de las «36 calles». Se trataba del típico tugurio vietnamita sucio y desastrado, donde sirven el mismo y único plato desde hace decenios. Pero lo hacen tan bien, que uno es capaz de perdonarlo todo por comer allí.

Como en tantos otros platos vietnamitas, la manera de comerlo es muy importante; ten en cuenta que es un plato en que, excepto la carne, todos los demás ingredientes no están sazonados y del que cada uno prepara y aliña su ración a su gusto.

PREPARACIÓN

1. Marina la carne picada y la panceta por separado, usando la mitad de la marinada para cada uno. Deja reposar un par de horas.

2. Con la carne picada, prepara 8 hamburguesas pequeñas y píntalas ligeramente con aceite. Luego, asa las hamburguesas y la panceta en una parrilla hasta que estén tostadas; si lo haces en una sartén o a la plancha, puede que se quemen por el azúcar de la marinada.

3. Sirve en un bol la carne sobre los noodles tibios. Sazona con la salsa y algo de ajo y chile, y ve comiéndolo con el encurtido y el acompañamiento.

INGREDIENTES

un filete grueso de ternera, de unos 250 g,
cortado en láminas muy finas

2 ajos picados muy finos

2 tallos de lemongrass picados en aros muy
finos; retira la primera capa y detente cuando
llegues a la parte verde

1 chile rojo fresco y grande cortado en rodajas

60 g de pimiento verde limpio y cortado
en dados

3 cebolletas chinas en trozos grandes

1 cdta. de salsa de soja clara

sal

pimienta

1 pizca de azúcar

2 cdas. de aceite

La marinada

1 cdta. de salsa de pescado

½ cdta. de pimienta negra molida

½ cdta. de azúcar

1 cdta. de maicena

BO XAO SA OT

Ternera salteada con chiles y lemongrass

 2 personas

Cuando llego a Hanói, mi primera liturgia es hacer una visita a mi cervecería de guardia, llamada Lan Chin Bia. Me siento en una silla de plástico y pido cerveza mientras observo a los parroquianos de mi alrededor. La gente come perro con hierbas y arroz, tofu con tomate o ranas a la parrilla, y trasiegan birras sin parar. Los camareros son poco amables, pero en cuanto ven que te has terminado la cerveza, corren a ponerte otra.

Entre las cosas que suelo comer en este local se encuentra este plato; un salteado sencillo de ternera con lemongrass y chile. De tanto ir, fui resultándoles familiar y, al final, me dejaron entrar en la cocina a ver cómo lo preparaban, y ¡madre de Dios!, puede que sea la cocina con más mugre que he visto en toda Asia. En el suelo había tanta grasa que me costaba mantener el equilibrio y las paredes estaban tan churretosas que había que andar con cuidado para no quedarse pegado. Así que procuré mantenerme quieto a pesar de la gelatina que tenía bajo los pies. El cocinero, circunspecto, llegó al momento y empezó a cocinar para mí; en un par de minutos terminó y se marchó tal como había llegado, en plan estrella del rock. Yo despegué los zapatos del suelo y regresé al mundo para dar fe de su receta

PREPARACIÓN

1. Marina la carne y déjala reposar 15 min.

2. Pon un wok al fuego y, cuando comience a humear, añade una cucharada de aceite. Deja que humee de nuevo e incorpora la ternera. Cocínala ligeramente, permitiendo que por un lado se tueste, pero por el otro siga cruda. Retira.

3. Limpia el wok y devuélvelo al fuego. Agrega la otra cucharada de aceite y saltea a fuego medio el ajo y el lemongrass unos 30 s. Incorpora el chile, los pimientos y las cebolletas. Sofríe unos 2 min más a fuego no demasiado fuerte, para que no se queme.

4. Cuando empiecen a ablandarse las verduras, reincorpora la carne. Mezcla y, si comenzara a pegarse, añade un poco de agua.

5. Tras 1 min, sazona con la salsa de soja y rectifica la sazón con sal, pimienta y azúcar, y retira del fuego. Sírvelo con mucho arroz y un cuenquito de salsa de pescado y chiles rojos picados.

INGREDIENTES

1 kg de morcillo de ternera troceado

2 cdas. de aceite de achiote

2 ajos troceados

1 cebolla roja pequeña, pelada y troceada

1 cda. de jengibre pelado y picado

1 tallo de lemongrass, sin la capa exterior
y picado fino

½ cdta. de polvo de 5 especias

1 cda. de polvo de curry

1 trozo de canela

2 hojas de laurel

2 piezas de anís estrellado

3 tomates maduros, pelados y troceados

1 cdta. de pasta de tomate

2 cdtas. de salsa de pescado

1 cdta. de azúcar moreno

sal

pimienta negra

una pizca de copos de chile

200 g de zanahorias peladas y troceadas

Para terminar el plato

cilantro fresco picado

albahaca tailandesa

cebolla roja cortada en juliana fina (dejar ½ h
en agua fría, para que pierda fuerza)

cebolla frita

lima

BO KHO

Guiso de morcillo de ternera con polvo de 5 especias

👤 2-4 personas

El Bo Kho es un guiso del sur de Vietnam. Aunque proviene del boeuf aux carottes, *los vietnamitas lo modelaron a su gusto añadiéndole el sabor asiático del polvo de 5 especias, el curry y el anís estrellado.*

El barrio chino de Saigón se llama Cholón y está a unos 9 km del centro. Es un lugar que me gusta mucho y al que siempre voy caminando, aunque haga un calor que derrita los adoquines. Suelen sucederme cosas raras en ese paseo; unas veces me meto en una mezquita y unos niños me llevan a probar un curry de cabra, y otras unas prostitutas me invitan a té y sonrisas. Cosas.

En Cholón hay un montón de puestos de comida. El que más me gusta es el de Miss Jiao, una mujer que regenta un local frente al mercado de Binh Tay. Sus padres llegaron de la isla de Hainan hace más de sesenta años y abrieron el negocio que después heredó su hija. Cocina de maravilla. Dice que prefiere la cocina china, porque la vietnamita le parece «que huele demasiado a pescado...», pero sin que ella se dé mucha cuenta, lo que hace ya no es ni chino ni vietnamita, sino una mezcla de ambos. Enfrente de su restaurante hay un puesto mañanero que solo sirve Bo Kho. Es tan delicioso que siempre tengo que comerme un tazón bien grande antes de emprender el camino de regreso a Saigón.

PREPARACIÓN

1. En una olla, calienta el aceite y sofríe los ajos, el jengibre, la cebolla y el lemongrass. Cuando empiecen a tostarse, incorpora la carne. Sazona con polvo de 5 especias, curry, canela, laurel y anís estrellado. Deja que se cocine unos 5 min.

2. Agrega los tomates y la pasta de tomate, mézclalo bien y deja que dé un hervor todo junto. Añade agua hasta cubrir la carne y deja que cueza despacio unas 2 h, hasta que la carne esté tierna. Ten cuidado para que el guiso no quede seco.

3. Unos 30 min antes de terminar, incorpora las zanahorias y, a media cocción, sazona con salsa de pescado, azúcar, sal, pimienta y copos de chile.

4. Cuando la carne y las zanahorias estén tiernas, rectifica la sazón. Sírvelo en un bol con cilantro, hojas de albahaca, cebolla, cebolla frita y un gajo de lima. Cómelo acompañado de pan crujiente.

LO FRANCÉS EN LA COCINA DE VIETNAM

Baguette, café con leche, pato a la naranja, sopa de espárragos. ¿Francia? No, Vietnam.

Los franceses llegaron al sudeste asiático a mediados del siglo XIX. En 1882, se habían apoderado de lo que entonces se conocía como Indochina: Vietnam, Laos y Camboya. El imperio se mantuvo hasta el año 1954.

Como toda potencia colonial, Francia pretendió imponer su cultura y su modo de vida. Boinas y petancas aparte, los intentos de afrancesamiento fueron baldíos. Hoy, poca gente excepto los ancianos habla francés y la mayoría de los vestigios de la metrópoli hace décadas que desaparecieron.

Sin embargo, en materia gastronómica las cosas son diferentes. La cocina vietnamita es completamente asiática, pero lo francés aún se ve por doquier. Ingredientes, vocablos, técnicas y hábitos que eran franceses son, tras un suave proceso de «vietnamización», parte básica del país.

En primer lugar, los franceses trajeron consigo una gran cantidad de alimentos nuevos. Las amas de casa vietnamitas adoptaron muchos vegetales europeos o americanos, como por ejemplo las patatas (*khoai thay* o «tubérculo occidental»), las alcachofas (*atisó*) y los espárragos (*mang tay* o «brotes de bambú occidentales»).

Además, los cocineros galos les enseñaron a los vietnamitas recetas y modos de cocinar que han sobrevivido hasta la actualidad. Así, el plato más icónico de Vietnam, el Pho, es francés tanto por el uso de la ternera, como por la manera de hacer el caldo tostando cebollas y jengibre. También les mostraron cómo hacer lentos braseados de carne, a veces con vino, o a preparar pato a la naranja.

Pero donde la herencia francesa es más evidente es en tres costumbres básicas en el Vietnam actual: café, pan y cerveza.

Lo primero que todo vietnamita hace por la mañana es tomarse un *caphé sua da*, un café fuerte con hielo y leche condensada. Hasta que los franceses trajeron el café, Vietnam era un país de bebedores de té. Los habitantes locales aceptaron con amor el nuevo producto y lo adaptaron a sus gustos hasta convertirlo en una bebida deliciosa que pocos franceses reconocerían.

Los vietnamitas también aprendieron a hacer pan trabajando en las *boulangeries*. Acomodando la receta original, los panaderos crearon sus barras con una mezcla más barata de harina de trigo y de arroz. El pan resultante era más ligero y crujiente. Había nacido el *banh mi* (*pain de mie*, en francés), de donde surgió el bocadillo bizarro y delicioso que se ha hecho mundialmente famoso. Con el pan, los vietnamitas aprendieron el arte de la charcutería y pronto se aficionaron al paté, al jamón (*dam bong*) y a las salchichas (*xuc xich*).

Y, por último, la cerveza. Antes de la llegada de los franceses, la bebida de los vietnamitas era el vino fermentado de arroz. Fue en la década de 1890 cuando se fundó la primera cervecera vietnamita, la Hommel Brewery, destinada sobre todo a un público francés. Sin embargo, los vietnamitas rápidamente hicieron suya la nueva bebida. Las marcas de cerveza proliferaron como setas en cada región del país: Larue, Hanói, 33, Saigón. Con la cerveza comenzó la cultura de las cervecerías y, alrededor de ellas, toda una nueva gastronomía de tapas para acompañarlas.

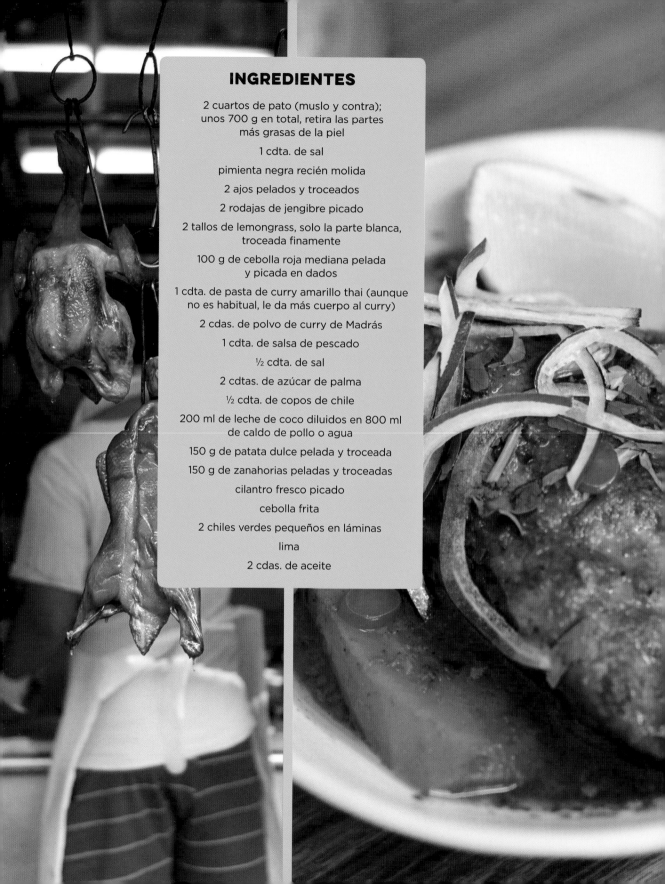

INGREDIENTES

2 cuartos de pato (muslo y contra);
unos 700 g en total, retira las partes
más grasas de la piel

1 cdta. de sal

pimienta negra recién molida

2 ajos pelados y troceados

2 rodajas de jengibre picado

2 tallos de lemongrass, solo la parte blanca,
troceada finamente

100 g de cebolla roja mediana pelada
y picada en dados

1 cdta. de pasta de curry amarillo thai (aunque
no es habitual, le da más cuerpo al curry)

2 cdas. de polvo de curry de Madrás

1 cdta. de salsa de pescado

½ cdta. de sal

2 cdtas. de azúcar de palma

½ cdta. de copos de chile

200 ml de leche de coco diluidos en 800 ml
de caldo de pollo o agua

150 g de patata dulce pelada y troceada

150 g de zanahorias peladas y troceadas

cilantro fresco picado

cebolla frita

2 chiles verdes pequeños en láminas

lima

2 cdas. de aceite

CA RI VIT

Curry de pato con patata dulce y zanahoria

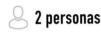 2 personas

Decidí pasar unos días en el delta del Mekong. Estaba cansado de Saigón, así que busqué un lugar tranquilo cerca de la frontera y llegué a Chau Doc. Lo que debía ser un lugar de paso, se convirtió en una historia de amor. Chau Doc —calurosa, adormilada y recostada sobre el río— me hechizó. Gente amable y un lugar bonito e interesante.

Una mañana crucé en ferry a una isla poblada por musulmanes cham. Me paseé en bici entre mezquitas, casas de madera sobre pilotes y mucha gente que no paraba de sonreír. Cuando ya estaba retostado de tanto pedalear bajo el sol, me paré en una casa donde unos niños jugaban con su madre. Me invitaron a sentarme con ellos. Charlamos por señas y enseguida tuve un té caliente entre las manos. Después, sin mediar palabra, la madre sacó un plato de curry de pato y un pedazo de pan. Aquel curry es uno de los más deliciosos que he comido nunca; denso, oscuro, muy especiado y picante, con la carne de pato tierna, como si fuera un magret confitado. Me supo tan rico que intenté por signos que me explicase la receta. Con nulo éxito, eso sí.

PREPARACIÓN

1. Con un cuchillo, haz un ajedrezado en la piel del pato y salpimiéntalo. Coloca los trozos con la piel hacia abajo en una sartén. Pon el fuego suave y deja que el calor funda la grasa. Dale la vuelta y permite que ambas partes se tuesten y pierdan gran parte de la grasa. Retira y escurre sobre papel absorbente.

2. Calienta aceite en una cazuela y saltea el ajo, el jengibre, el lemongrass y la cebolla. Cuando estén dorados, añade curry amarillo y polvo de curry, y sofríe a fuego suave unos 10 min, hasta que el aceite suba a la superficie. Si se agarra, mójalo con alguna cucharada de agua.

3. Incorpora el pato y deja que el sofrito se le agarre. Riégalo con la leche de coco y caldo, salsa de pescado, azúcar y copos de chile. Deja que hierva suavemente 2 h. Agrega más agua si ves que queda seco.

4. 30 min antes de terminar la cocción, incorpora las zanahorias y las patatas, y cocínalo hasta que estén tiernas. Rectifica de sazón y sírvelo con cilantro, cebolla frita, chiles y un gajo de lima. Come con pan o arroz blanco.

INGREDIENTES

600 g de costillas de cerdo, sin demasiada
grasa y separadas en unidades

½ cebolla roja pequeña muy picada

2 ajos muy picados

2 cebolletas chinas cortadas en 4 trozos

1 cdta. de salsa de pescado

½ cda. de salsa de caramelo

4 rodajas finas de chile fresco

1 cdta. de pimienta negra molida someramente

el agua de 1 coco

2 huevos cocidos y pelados

sal

cilantro picado

chile fresco

1 cda. de aceite

THIT HEO KHO TRUNG

Braseado de costillas de cerdo con caramelo y agua de coco

 2 personas

En Saigón conocí a Ana, una chica de veinte años que me enseñó su ciudad, me hizo probar un montón de platos que por mí mismo no habría conocido y me presentó a Cecilia, una amiga de la universidad. Cecilia vivía en una casa antigua con otras catorce personas que no paraban de entrar y salir, y que le daban al lugar un ambiente de campamento nómada muy divertido.

Una tarde, conocí a «la Abuela», una mujer muy mayor que irradiaba carisma. Era la sobrina de Bao Dai, el último emperador de Vietnam, y había sido una de las princesas de la corte. Ella había conocido el Hue de antes de la guerra, los tiempos en que las bombas no habían arrasado la ciudadela y todas las maravillas que contenía.

Y allí estaba yo, con esa mujer dulce y alegre, bebiendo té e intentando imaginar lo que había vivido, sintiendo lo efímera que es nuestra existencia. Somos polvo de estrellas.

Esta es la receta preferida de aquella casa. Un Kho es un guiso confeccionado con salsa de caramelo y se puede cocinar con carne o pescado. En este caso, he escogido cerdo cocinado en agua de coco. Es un plato que la mayoría de los turistas no conocen a pesar de ser una de las recetas caseras típicas de Vietnam.

PREPARACIÓN

1. Marina el cerdo con la cebolla roja, los ajos, las cebolletas, la salsa de pescado y la de caramelo, las rodajas de chile y la pimienta, y deja reposar fuera de la nevera al menos 30 min.

2. En una cazuela, calienta el aceite y dora el cerdo con la marinada. Cuando haya perdido el color rosado, riégalo con agua de coco y algo más de agua hasta cubrir la carne.

3. Cuece a fuego suave hasta que las costillas estén muy tiernas, unas 2 h. Añade más agua según se necesite.

4. 15 min antes de terminar el guiso, incorpora los huevos enteros y rectifica la sazón con más salsa de pescado, de caramelo, sal o pimienta.

5. La salsa debe ser líquida, pero cremosa y de color café claro, y el sabor, suave, dulzón y salado. Decora con cilantro picado y unas rodajas finas de chile fresco. Sírvelo con arroz glutinoso (ver pág. 146) y encurtido de zanahoria y daikon.

INGREDIENTES

½ kg de sardinas limpias
(desangradas en agua fría 1 h)

sal

pimienta negra recién molida

2 cdtas. de salsa de pescado

1 cda. de salsa de caramelo

2 cdtas. de aceite

2 cdtas. de ajo picado

2 cdtas. de cebolla roja picada

1 chile ojo de pájaro

5 cebolletas chinas troceadas

100 ml de agua

CA KHO TO

Sardinas en salsa de caramelo y pimienta

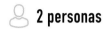 2 personas

El kho es una técnica de cocina que emplea salsa de caramelo, típica del sur del país. Este plato se consume casi a diario en los hogares vietnamitas junto con la sopa agria y mucho arroz blanco. La tradición dicta que se prepare en una olla de barro y se utilicen tajadas de pez gato, aunque se puede usar cualquier otro de carne firme, como el salmón, la merluza o las sardinas.

El mejor kho de Vietnam lo tomé en un lugar inesperado. Cuando salí de Hanói, me dirigí hacia el norte, la tierra de los hmong. El mercado de Bac Ha es uno de los más fascinantes de la región: el color, los olores, las gentes de diez etnias distintas. En materia gastronómica, priman los noodles y el Thang Co, un guiso de carne de caballo.

Una de esas mañanas de mercado me senté en un puesto que ofrecía un guiso al caramelo con pescados de río. Me pedí un plato y un hombre muy borracho se sentó a mi lado. Mientras comía, el caballero no paraba de ponerme vasitos de vino de arroz. Me miraba con ojos vidriosos a la vez que hacía gestos para que me lo bebiese de un trago. Yo intentaba hacerme el sueco y solo daba pequeños sorbos, pero fue imposible. Terminamos haciéndonos «amigos para siempre», compartiendo un bol de caballo correoso, fumando cigarros de picadura y trasegando alcohol barato durante un par de horas. Eso sí, el pescadito estaba muy rico.

PREPARACIÓN

1. Seca y salpimienta las sardinas. Ponlas en un plato y marínalas con la salsa de pescado y de caramelo. Déjalo macerar unos 20 min.

2. En una olla de barro o sartén amplia, pon a calentar el aceite. Sofríe el ajo y las cebollas y, cuando comiencen a coger color, coloca las sardinas y pon encima las cebolletas chinas y el chile.

3. Luego, mójalo con el agua. En cuanto empiece a hervir, tapa y reduce el fuego. Deja que se cocine unos 5 min. Destapa y dale la vuelta al pescado con mucho cuidado para que no se rompa. Cocínalo 5 min más, hasta que la salsa esté oscura y haya espesado. Si ves que queda demasiado seco, añade un poco más de agua

4. Por último, incorpora un poco más de pimienta sobre el pescado y sírvelo con mucho arroz blanco hervido.

INGREDIENTES

2 lomos de salmón de unos 200 g cada uno

sal

pimienta negra molida

hojas de plátano

1 puerro en juliana muy fina

1 zanahoria en juliana muy fina

La marinada

3 cebolletas chinas picadas

1 cda. de un majado de ajo, jengibre
y lemongrass

½ cdta. de cúrcuma

2-3 cdtas. de salsa de soja clara

½ cdta. de aceite de sésamo

½ cdta. de azúcar de palma

1 cda. de mermelada de chiles o sambal oeleck

2 cdas. de zumo de lima

4 cdas. de agua

½ cda. de cebolla frita

1 cda. de cilantro fresco picado

CÁ NUONG LA CHUOI

Salmón asado en hoja de plátano

 2 personas

En la actualidad, Hoian es una pequeña ciudad del centro de Vietnam, pero en la antigüedad fue un gran núcleo comercial. Durante la guerra, la ciudad conservó intacto su casco histórico. El desastre llegó en 1999, cuando se declaró Patrimonio de la Humanidad y la anegó el tsunami turístico. Las hermosas calles, la vida vecinal y los comercios centenarios fueron barridos por la horda y sustituidos por un decorado. Había nacido otro fétido «agujero» del banana pancake trail.

A pesar de todo, la estancia allí fue genial. Muchas tardes me acercaba a las playas cercanas. Mi favorita era la de Cua Dai, un lugar realmente divertido que se anima al atardecer, cuando decenas de vendedores plantan puestos de comida que llegan hasta la orilla. Sirven comida sencilla y rica a familias vietnamitas. Una de las cosas que más me gustaba era ver cómo cocinan con hojas de plátano: encienden un pequeño hornillo con brasas de carbón, marinan trozos de raya en pastas rojas llenas de chiles y aromas cítricos, y después las asan ligeramente sobre las ascuas. Ver caer la tarde sentado sobre la arena, sorbiendo cerveza con hielo y comiendo trozos de pescado humeante con la mano; eso es triunfar en la vida. Y punto.

PREPARACIÓN

1. Mezcla los ingredientes de la marinada. Si ves que queda demasiado seca, añade algo de agua. Salpimienta ligeramente el salmón e introdúcelo en la marinada. Déjalo reposar unos 15 min.

2. Coloca 2 rectángulos de hoja de plátano juntos. Pon encima una cama de puerro y zanahoria. Escurre uno de los lomos de salmón y colócalo encima. Cierra como si fuera un rollo de primavera y asegúralo con un cordel. Procura que quede bien cerrado para que no escapen los jugos. Haz lo mismo con el otro lomo.

3. Precalienta el horno a 200 °C, coloca los dos paquetes con el cierre bocabajo y hornea unos 8 min por cada lado (depende un poco del grosor del pescado).

4. Mientras tanto, pon la marinada sobrante en una olla y caliéntala hasta que reduzca.

5. Retira y abre los dos paquetes. Sírvelos sobre la misma hoja, salsea y acompaña con arroz hervido y alguna salsa ácida y picante.

INGREDIENTES

1 docena de navajas

4 cdas. de aceite de cebolletas
(ver pág. 212)

1 cdta. de aceite de guindillas (ver pág. 212)

2 cdas. de mermelada de chiles de Hoian
o salsa de chile dulce (ver pág. 210)

1 cdta. de salsa de pescado

10 cacahuetes tostados y picados

1 y ½ cdas de aceite de girasol

sal Maldon

pimienta negra molida

lima

SO DIEP NUONG OT TUONG

Navajas al horno con mermelada de chiles de Hoian

 2 personas

Este es uno de los platos callejeros más deliciosos y frescos que puedes encontrar en Vietnam. Las navajas se cocinan directamente sobre brasas de carbón y se sazonan de manera sencilla, para realzar el dulzor y el sabor a mar de los moluscos. En casa es más fácil prepararlas en el horno bajo el grill, con cuidado de que no se pasen; eso sí, si las haces en una parrilla, verás el cielo.

La primera vez que comí estas navajas fue durante una noche «toledana». Estaba en Hoian con mi amigo Jimmy, habíamos quedado con un colega suyo para ir a cenar, así que nos montamos los tres en una Vespa y nos fuimos a la orilla del río, a un restaurante vietnamita alejado de la zona turística. Mientras oíamos un glorioso karaoke, comimos pescado frito, caracoles, ranas guisadas y un plato enorme de navajas. Ah, y también tomamos tantas cervezas Larue con hielo que ya no cabían en la mesa. Fue una cena increíble, rica y barata. Como era de esperar, terminamos como Las Grecas. No recuerdo cómo regresamos, solo sé que volvimos en la misma Vespa y que sonaba Sinatra en el absurdo hilo musical del pueblo. Sigo vivo de milagro.

PREPARACIÓN

1. Pon las navajas 1 h en agua fría con sal para que suelten la arena. Luego retira, escurre y colócalas en un plato metálico para horno.

2. En un bol, mezcla el aceite de cebolletas, el de guindillas y la mermelada. Sazona con la salsa de pescado y un par de vueltas de pimienta negra.

3. Calienta el grill a 200 °C. Cuando esté caliente, hornea las navajas 1 min, hasta que comiencen a abrirse. En ese momento retira, embadúrnalas bien con la mezcla y devuélvelas al horno. Deja que pasen otro par de minutos, pero ten en cuenta que se pasan enseguida y es importante que queden jugosas.

4. Retira y sírvelas con gajos de lima, sal Maldon y alguna salsa picante.

INGREDIENTES

1 kg de berberechos limpios
(dejar 1 h en agua con sal)

150 ml de agua

2 tallos de lemongrass partidos en dos

8 rodajas finas de jengibre pelado

1 chalota cortada en juliana muy fina

4 láminas de chile rojo fresco y grande

4 vueltas de pimienta negra

1 cdta. de salsa de pescado

albahaca thai

cilantro fresco picado

lima

Para la salsa

rodajas muy finas de lemongrass

hojas de lima kaffir cortadas
en juliana muy fina

chiles ojo de pájaro picados

lima

sal

pimienta negra

azúcar

NGAO HAP SA OT TUOI

Berberechos al vapor con lemongrass y chile

 4 personas

Después de pasar tres semanas en Hanói, decidí cambiar de aires. Sentía como si una nube tóxica me envolviera, como si el mal humor de los hanoítas y el tiempo siempre gris me hubieran contagiado, así que hice el petate y me marché raudo y veloz.

¿Adónde podía ir? Miré un mapa y señalé Hai Phong, la desembocadura del río Rojo, la tercera ciudad de Vietnam. En apenas 2 horas me planté allí. No esperaba mucho, pero me recibió una ciudad en las antípodas de Hanói. Un lugar tranquilo, de gente sencilla, con sonrisas, amabilidad y calor. Y, además, una pequeña ópera, un barrio francés, un mercado lleno de vida y un montón de puestos donde vendían marisco.

En la calle principal encontré un tenderete que solo vendía moluscos. Tenía una parrilla para asar ostras y un par de cazuelas para cocer berberechos, almejas y cañaíllas. El lugar era muy popular y estaba lleno de familias que comían cantidades ingentes de conchas. Una cosa que me llamó mucho la atención es que en Vietnam no le dan ninguna importancia a que la concha de los moluscos esté cerrada después de cocinarse; no consideran que esté malo, simplemente la abren con un pincho de hojalata, o con la uña, y se lo zampan sin miramientos.

PREPARACIÓN

1. Pon a calentar el agua. Añade el lemongrass, el jengibre y la chalota, y déjalo cocer unos 5 min.

2. Incorpora los berberechos, el chile rojo, la pimienta y la salsa de pescado, tapa y déjalo de nuevo unos minutos hasta que las conchas se abran. Si algún molusco permanece cerrado, descártalo. Prueba y rectifica de sal si fuera necesario.

3. En el último instante, rocía con bastante zumo de lima y añade la albahaca y el cilantro. Mezcla bien.

4. Prepara la salsa a tu gusto agregando alguna cucharada de caldo y ve mojando los berberechos en ella.

INGREDIENTES

El cerdo

250 g de filete de presa ibérica de cerdo
(u otra pieza grasa y tierna; si quieres una
opción vegana, emplea tofu marinado a la
plancha)

1 ajo grande cortado en láminas

1 tallo de lemongrass, solo la parte blanca
picada en láminas muy finas

1 y ½ cdtas. de salsa de pescado

½ cdta. de salsa de soja oscura

1 cdta. de azúcar moreno

½ cdta. de pimienta negra molida

una pizca de copos de chile

El plato

150 g de noodles de arroz finos y redondos,
hervidos al dente, refrescados en agua tibia
y escurridos

brotes tiernos de lechuga

brotes de soja

pepino en láminas

Do Chua (encurtido de zanahoria y daikon
(ver pág. 204)

menta fresca

cilantro fresco

sésamo tostado

cacahuetes tostados y picados

chiles en vinagre picados

cebolla frita

aceite de cebolleta

salsa Nuoc Cham (ver pág. 206)

BUN THIT NUONG CHA GIO

Ensalada tibia de noodles y presa ibérica

 2 personas

Las ensaladas de noodles son muy populares en todo Vietnam. Con este plato entiendes toda la frescura y la complejidad de su cocina: sobre una cama de noodles se añaden hierbas, vegetales y encurtidos, cerdo asado y un buen número de aderezos.

Hue es una ciudad que me fascina, llena de historia y tragedia, y también el lugar donde se desarrolló la batalla más famosa de la guerra de Vietnam. Durante más de un mes, las calles del casco viejo se convirtieron en un pandemónium en el que norteamericanos y norvietnamitas se asesinaron sin piedad. Cuando los comunistas se retiraron, la ciudad no era más que un gigantesco montón de ruinas bajo las que yacían más de quince mil cadáveres. Del hermoso Palacio Imperial solo quedaban cenizas humeantes.

La primera vez que comí esta ensalada acababa de llegar a Hue. Mientras cruzaba el puente viejo, sentí un escalofrío al mirar los balazos que aún desgarraban su estructura. Paseé por la ciudadela y, con un punto de tristeza, pensé en la locura de los hombres y en la poca importancia de la mayoría de las cosas por las que nos preocupamos. Solo recuperé la alegría cuando el camarero me trajo una Huda helada y un bol de Bun Thit Nuong. Recuerda: «en realidad, nada importa nada».

PREPARACIÓN

1. Mezcla los ingredientes del adobo y marina la carne al menos 1 h. Escúrrela y retira el ajo. Asa la presa a la parrilla a fuego moderado, pero con cuidado, porque al tener azúcar se quema rápido. Córtala en lonchas.

2. En un bol, coloca un puñado de noodles. Al lado, dispón lechuga, brotes de soja, pepino y Do Chua. Pon menta y cilantro por encima.

3. Emplata el cerdo asado encima de los noodles. Espolvoréalo con sésamo tostado, cacahuetes, chiles en vinagre y cebolla frita.

4. Por último, sazona con aceite de cebolleta y salsa Nuoc Cham a tu gusto.

INGREDIENTES

1 bloque de 500 g de tofu duro
bien escurrido de humedad

2 ajos pelados y picados

4 cebolletas chinas limpias y picadas

3 tomates pera maduros, pelados y picados

1 cdta. de pasta de tomate

1 cdta. de azúcar de palma

1 cda. de salsa de soja clara

sal

pimienta negra

½ cdta. de copos de chile (opcional)

1 cucharada de aceite + 1 taza de aceite
para freír el tofu

DAU HU SOT CA CHUA CHAY

Tofu guisado con salsa de tomate y cebolletas

 4 personas

El mercado de Dong Xuan se encuentra en el corazón de Hanói. Yo suelo alojarme en una pensión cercana, entre callejas que huelen a bígaro cocido y repollo fermentado. Me gusta despertarme al alba para visitar el mercado. Sobre las 6, los carniceros están destazando búfalos sobre la acera de la calle principal y antes de las 7 ya la han dejado llena de carcasas mondadas. Es un espectáculo verlos trabajar.

Durante el resto del día, Dong Xuan funciona a pleno rendimiento, como cualquier otro mercado vietnamita. Al terminar la faena, los vendedores se reúnen en puestos de Bia hoi para refrescarse y comentar la jornada. Me gusta unirme a ellos en ese momento. Me siento al calorcito de la tarde y pido una cerveza y algún plato pequeño mientras tomo notas o simplemente veo la vida pasar.

Aunque esta es una receta de comida casera, también es uno de los platos más populares para compartir en las cervecerías. A menudo las cartas solo están en vietnamita y a mí me gusta jugar a pedir platos que no tengo ni idea de lo que son. La lotería. A veces viene una rana asada y otras, un plato de noodles o un perrito frito. Así que, para estar seguro de que voy a comer algo, siempre añado este plato de tofu a mi comanda.

PREPARACIÓN

1. Trocea el tofu en dados regulares. Pon la taza de aceite en una sartén y cuando esté bien caliente, fríe el tofu hasta que se dore. Ten en cuenta que si el aceite está templado, el tofu se pegará a la sartén. Retíralo y escurre sobre papel de cocina.

2. Pon la otra cucharada de aceite en una sartén y saltea a fuego suave los ajos y las cebolletas. Cuando estén ligeramente dorados, añade los tomates y cocínalo todo hasta formar una salsa. Si fuera necesario, moja con un poco de agua.

3. A mitad de cocción, pon la pasta de tomate y sazona con azúcar, salsa de soja, sal, pimienta y copos de chile, procurando que el sabor sea equilibrado. Rectifica la sazón si lo crees oportuno.

4. Incorpora el tofu frito y mezcla bien con cuidado de que no se rompa. Deja que todo hierva 2 min. Sírvelo con cebolleta picada por encima y arroz hervido.

Camboya

CAMBOYA

CAMBOYA

La desconocida cocina khmer

La cocina camboyana es la gran desconocida entre las del sudeste de Asia. A menudo, con cierto desdén, se la define como «una especie de cocina tailandesa sin guindillas». La mayoría de los turistas que llegan al país lo hacen después de haber visitado Tailandia o Vietnam, lugares con culturas gastronómicas muy fuertes; por el contrario, de Camboya la información es escasa; los sabores, extraños, y hay pocos platos de referencia. El resultado es que muchos visitantes abandonan el país pensando que no existe una gastronomía local interesante y comiendo siempre 2 o 3 platos hechos *ex profeso* para turistas.

Sin embargo, es una cocina con una riquísima tradición que se pierde en los días del Imperio de Angkor. La gastronomía de Camboya está en transición, dando sus primeros pasos después de la guerra y de la pobreza más mísera. Aún existe una falta de confianza generalizada en sus posibilidades, lo que se traduce en un uso inmoderado del MSG (o glutamato monosódico) y las salsas embotelladas, en el deseo de esconder lo propio y ensalzar lo extranjero, y en una cierta vergüenza hacia las tradiciones. Pero, al mismo tiempo, la bonanza económica ha traído un resurgir de la cocina khmer. Cocineros, libros y restaurantes comienzan a reivindicar lo propio.

Frente al golpe de sabores de la cocina tailandesa y la frescura de la de Vietnam, la cocina khmer es más especiada y aromática, poco picante, con una variedad impresionante de verduras y hierbas frescas, pero también con muchos alimentos secos, salados y fermentados. Está llena de carácter, es campesina, olorosa, ácida, potente, deliciosa e impactante. Pero, como los grandes secretos, solo está al alcance de quienes se esfuercen en descubrirla.

¿Cómo es la cocina khmer?

Con el progreso y los nuevos tiempos, la cocina khmer está comenzando a entrar en fase de desarrollo, pero en esencia es aún una gastronomía campesina y rústica, preparada de manera sencilla.

La ausencia de medios de refrigeración hace que sea fresca y local. En las casas se come lo que se compra a diario en los mercados, pero también lo que se recoge en las aguas o los jardines cercanos. Estos peces, hierbas y vegetales son en su mayoría desconocidos en Occidente y ni siquiera tienen nombre en inglés.

La dieta camboyana es increíblemente amplia, pero el pescado es la base, el sabor y el olor de su cocina. Todo gira en torno al pescado fresco o a los múltiples tipos de conservas hechas con él. Aunque en las zonas costeras se consume pescado de mar, la base sigue siendo el de agua dulce. Parte de la proteína se obtiene también del cerdo, mientras que el pollo, la ternera o la cabra se consumen mucho menos. Pero el hambre ha hecho del pueblo khmer uno de los más omnívoros del mundo, con una dieta que se complementa con lo que se recoge «al lado de casa».

Es una cocina ligera y muy poco grasa, con pequeñas porciones de proteína animal y muchos vegetales. Los métodos de cocción también hacen hincapié en la rapidez, y son muy populares los *cha* o «salteados», que no faltan en ninguna comida. Se preparan cocinando muy ligeramente en una cantidad mínima de aceite, o incluso sin él, en lo que llaman «freír en agua». Las ensaladas también son ligeras y frescas, a menudo crudas, como el *plea*, un ceviche de ternera sazonado con lima, hierbas, cacahuetes y guindillas.

La camboyana es una cocina de sabores fermentados. La escasez ha hecho que las amas de casa sean auténticas maestras en el arte de preservar los alimentos que sobraban en tiempos de abundancia. Y no se limitan al pescado, también conservan carne, frutas y arroz hervido.

Los camboyanos aman los sabores ácidos. En sus recetas nunca falta algún ingrediente cítrico: limas, frutas sin madurar, tamarindo, hierbas ácidas o encurtidos. Las limas en salmuera son un producto típicamente khmer, muy poco habitual en las cocinas de sus vecinos. Se añaden a sopas y salteados, lo que les da un toque agrio que recuerda a los guisos marroquíes.

La mayoría de los platos también tienen el punto acaramelado del azúcar de palma. Las palmeras azucareras, *tnaot*, son una parte inconfundible del paisaje camboyano, hasta tal punto que se dice que «allí donde hay palmeras es tierra de Camboya». De este árbol se aprovecha todo, pero el producto más apreciado es el azúcar Skar Tnaot. Se prepara cociendo la savia líquida hasta que se convierte en una melaza espesa y dorada, de sabor a caramelo tostado. En la cocina khmer es uno de los sabores básicos,

no solo para preparar dulces, sino en cualquier plato salado; por ejemplo, los salteados se comienzan caramelizando azúcar de palma.

El resto de la sazón es sencilla, basada en salsa de pescado y prahok (pescado fermentado). La mayoría de los platos son poco picantes y las guindillas suelen ponerse al lado en lugar de añadirse a las recetas. La fuerza se consigue a través de la pimienta, verde o negra, que se usa en gran cantidad y es una seña de identidad nacional.

Historia e influencias culinarias

¿Son las maravillosas cocinas de Tailandia y Vietnam herederas del Imperio de Angkor? ¿O por el contrario la cocina khmer es una burda copia de la de sus vecinos?

El Imperio de Angkor, entre los siglos IX y XV, fue la época más gloriosa de la historia de Camboya. En ese periodo, los actuales Laos, Tailandia y el sur de Vietnam le pertenecieron. Su población, de religión hindú, se relacionó siempre con comerciantes y misioneros indios que influyeron enormemente en las cocinas de la corte y el pueblo. De ese tiempo data el uso de especias secas, del que se derivó la preparación del kroeung (pasta de curry) y los propios curries.

A la decadencia de Angkor le siguieron las invasiones de Tailandia y Vietnam, los imperios de Ayutthaya y Champa. Estas ocupaciones hicieron que se produjeran influencias mutuas. Hoy hay platos muy parecidos en las tres cocinas, que se interpretan como copias camboyanas de los originales de los otros dos países. Sin embargo, no está

tan claro quién influyó en quién ni de dónde proceden los platos, pero en Camboya se tiende a pensar que el origen de las tres cocinas hunde sus raíces en los días gloriosos del Imperio de Angkor.

China es la gran influencia culinaria de toda la región. Sus ingredientes, modo de cocinar y recetas llegaron a Camboya por medio de comerciantes y emigrantes. En la actualidad se estima que un 7 % de la población camboyana es de origen chino. Los chinos llevaron el wok, los salteados, la cocina al vapor, la salsa de soja y de ostras, los noodles, el MSG y el polvo de 5 especias.

Los países europeos comerciaron desde antiguo con los reinos del país. Los primeros en llegar fueron los portugueses, que trajeron con ellos las guindillas y algunos vegetales desconocidos. Tras siglos de decadencia, el país pasó, en 1864, a ser parte de la Indochina francesa. Los franceses introdujeron el pan y muchos modos de cocinar europeos.

La llegada del khmer rojo al poder, en 1975, fue un *shock* para toda la sociedad. En 4 años, más de un millón de camboyanos fueron asesinados y los pilares del país dados la vuelta. La cocina se consideró un refinamiento burgués y sufrió un holocausto similar. Se ejecutó a muchos cocineros y sus restaurantes se cerraron. En un país donde existían muy pocos libros de cocina, las recetas se conservaban en las tradiciones familiares. Con los comunistas, los libros ardieron y la memoria oral de miles de personas mayores se borró para siempre.

INGREDIENTES

800 ml de caldo claro de pescado o gambas

2 tallos de lemongrass partidos en dos

10 hojas de lima kaffir

2 cdas. de apio chino troceado
(o apio normal en menor cantidad)

2 guindillas ojo de pájaro troceadas

4 láminas finas de jengibre

1 calamar pequeño, de unos 150 g,
troceado en dados

8 mejillones

8 langostinos sin pelar

2 cebolletas chinas troceadas

2 cdtas. de salsa de pescado

1 cdta. de azúcar

zumo de lima

cilantro fresco picado

pimienta negra

ajo frito en aceite

cebolla roja cortada en juliana muy fina
(dejar ½ h en agua fría, para que pierda fuerza)

SGNOR CHRUOK SACH SAMOTH

Sopa ácida de marisco

👤 2 personas

Camboya es el país de las sopas, tanto es así que se dice que en su recetario hay una para cada día del año. Entre ellas están las sgnor, un tipo de sopas ácidas y claras, similares a la tom yam tailandesa. El secreto para cocinarlas reside en emplear marisco fresco y hervirlo muy brevemente. También es básico el uso de hierbas, guindilla y lima. El plato debe ser aromático, refrescante, muy ácido y bastante picante.

La primera vez que probé esta sopa fue en un restaurante llamado Penh Chet, en el pueblo de Kampot. El local acababa de abrirlo una madre emprendedora de más de sesenta años que, ante la llegada del turismo, había decidido montar su pequeño negocio. La mujer tenía muy buena mano para la cocina tradicional y, lo que es mejor, ningún miedo a ofrecérsela a los forasteros que huían de los platos «turistizados». El restaurante no tenía un espacio cerrado para cocinar, sino que los fogones estaban frente a los clientes, un paraíso para un buscador de recetas. Así que, como siempre, frecuenté un par de noches el lugar y, a la tercera, me presenté a la dueña y le pedí permiso para acodarme al lado de los fuegos. Más maja que las pesetas, me dio vía libre. Esta es su receta.

PREPARACIÓN

1. En un cazo, pon un dedo de agua y, cuando hierva, añade los mejillones. Tapa y déjalos 1 o 2 min, hasta que se abran. Reserva. Cuela el agua sobrante y úsala para darle más cuerpo al caldo.

2. Pon el caldo en una cazuela al fuego. Cuando comience a hervir, añade el lemongrass, la lima kaffir, el apio, las guindillas y el jengibre. Déjalo hervir suavemente unos 4 min. Sazona con la salsa de pescado y el azúcar.

3. Luego agrega el calamar, los langostinos y la cebolleta, y déjalo 1 min más.

4. Rectifica de sazón. Retira del fuego y pon zumo de lima, cilantro fresco y pimienta a tu gusto. Divide los mejillones en dos boles, sirve la sopa encima y guarnece con cebolla roja y ajo frito.

INGREDIENTES

500 g de morcillo de ternera troceado

1 hueso de rodilla (en agua fría 1 h
para desangrarlo)

100 g de pasta de kroeung amarillo
(ver pág. 197)

1 y ½ cdas. de aceite

1 cda. de salsa de pescado

1 y ½ cdta. de azúcar

700 g de agua

30 g leche de coco + 300 g de agua

5 hojas de lima kaffir

2 chiles ojo de pájaro

1 cda. de agua de tamarindo (ver pág. 213)

200 g de kankung (o espinacas)
lavado y troceado

albahaca thai (o cilantro)

½ cebolla roja pequeña en juliana muy fina
(dejar ½ h en agua fría, para que pierda fuerza)

SAMLOR M'CHOU KROEUNG SAT KOH

Sopa de ternera con espinacas de agua

👤 2 personas

Estaba recorriendo la isla de Koh Pen en bici. Durante horas pedaleé entre campesinos amables, paré en algunos templos a posar los pies sobre baldosas fresquitas y después crucé el Mekong en una barca destartalada.

Ya casi estaba de regreso cuando me topé con una celebración y un muchacho que chapurreaba inglés me invitó a unirme. Parecía una boda, llena de gente alegre. Hice una entrada a lo Bienvenido mister Marshall, con apretones de manos y patéticos esfuerzos por comunicarme. Un grupo de cocineros se afanaban sobre seis perolas llenas de sopa. Hice fotos, volví a saludar y, en un periquete, ya tenía delante un bol humeante de caldo. Me senté a comer rodeado de caras sonrientes y, al primer sorbo, se me ocurrió preguntar si podía saludar a los novios. Con extrañeza, pero sin dejar de sonreír, mi anfitrión me dijo: «¿Boda? No hay ninguna boda. Es el funeral de mi abuela, que está muerta en el piso de arriba. ¿Quieres verla...?».

Aquel bol humeante es esta receta. Está a medio camino entre un guiso y un caldo, es espeso y muy sabroso. El kankung o espinaca de agua crece en los estanques de todo el sudeste asiático. En España es fácil encontrarlo en lugares como el mercado de los Mostenses.

PREPARACIÓN

1. Salpimienta la carne. Pon el aceite en la olla exprés y sofríe a fuego suave el kroeung unos 10 min. Si queda seco, ve añadiendo cucharadas de agua de una en una. Continúa hasta que el color se oscurezca, deje de oler a crudo y el aceite suba a la superficie.

2. Incorpora el morcillo y el hueso, mezcla y permite que la pasta se pegue a la carne, y refríe unos 2 min. Moja con el agua y sazona con la salsa de pescado y el azúcar. Cuando hierva, tapa y deja hervir 30 min en olla exprés. Retira del fuego, espera que baje la presión y destapa.

3. Devuelve la olla al fuego y pon el resto del agua, la leche de coco, las hojas de lima kaffir, los chiles y el tamarindo. Permite que hierva despacio 10 min. Incorpora el kankung y continúa cocinando otros 10 min. Al final, rectifica de sazón y añade la albahaca. Sirve con la cebolla por encima y un bol de arroz hervido.

INGREDIENTES

800 ml de caldo de pollo

150 g de arroz jazmín

150 g de carne de pollo cocida
y desmenuzada (la del caldo)

1 cebolleta china picada finamente

pimienta negra molida

salsa de soja clara

1 cdta. de cilantro fresco picado

4 hojas pequeñas de lechuga

40 g de brotes de soja

1 huevo cocido pelado y partido en cuartos

1 cdta. de ajo frito en aceite

1 cdta. de jengibre pelado en juliana muy fina

1 cdta. de nabo encurtido troceado

chiles en vinagre troceados

unas gotas de aceite de sésamo

BA BAR SAT MOAN

Gachas de arroz con pollo

👤 **2 personas**

Esta receta la conseguí en Battambag. Ese día había cogido un tuk-tuk sin un plan fijo y me había bajado en medio de la selva, a pocos kilómetros de la ciudad. En cuanto puse pie en tierra, un grupo de chiquillos me rodeó. El padre de uno de ellos, que resultó ser maestro de inglés, me llevó a un templo donde los monjes jóvenes me enseñaron a rezar en pali y me contaron cómo los comunistas habían asesinado a los mayores durante el khmer rojo. Después fuimos a su casa, donde me presentó a su familia y me invitó a fruta madura. Al rato me despedí y caminé de vuelta a Battambang.

Cuando ya estaba cerca, me encontré con una boda. En un pequeño descampado, una cuadrilla de cocineros estaba preparando el banquete cuyo plato principal eran estas gachas. Al verme, me obligaron a sentarme y me pusieron delante un cuenco lleno hasta los topes de arroz con trocitos de sangre frita, embutido de cerdo y mucha pimienta. Me lo comí porque estaba muy rico, pero también por la mirada expectante de los cocineros. Di las gracias y me despedí, pero apenas di dos pasos, una abuela muy guapa que chapurreaba en francés me metió dentro y me dio un plato de dulces de mango y arroz glutinoso.

Las gachas de arroz son uno de los desayunos más populares de Asia. Reciben el nombre genérico de «congee». Cada cocinero tiene su manera de prepararlas, sazonarlas y acompañarlas; aunque lo normal en Camboya es que este plato tenga la consistencia de unas gachas, yo prefiero hacer una sopa espesa.

PREPARACIÓN

1. Pon el caldo al fuego y, cuando hierva suavemente, añade el arroz. Deja que cueza unos 15-20 min o hasta que esté tierno pero firme. En el último par de minutos, añade el pollo y la cebolleta, y sazona con salsa de soja y pimienta. Apaga el fuego e incorpora el cilantro picado.

2. En cada uno de los boles, pon dos hojas de lechuga y unos brotes de soja. Sirve la sopa caliente por encima y coloca en cada bol dos cuartos de huevo cocido, el ajo frito, el jengibre, el nabo y los chiles.

3. Sazona con otro poco de pimienta y unas gotas de aceite de sésamo. Ten a mano más salsa de soja, por si acaso.

COMER EN LOS PUEBLOS CAMBOYANOS

Estando en Siem Reap, mi amigo Sam me propuso llevarme a probar la comida que preparan los campesinos a diario. Llevaba tiempo insistiéndome en que el alma de la cocina camboyana se encontraba allí, así que dije que sí.

Nos pusimos en marcha a la mañana siguiente. Cogimos el coche y, después de media hora, nos adentramos por caminos polvorientos llenos de baches. Al rato nos detuvimos junto a una docena de casas de madera rodeadas de campos de maíz pelados. Una familia salió a darnos la bienvenida y, sin muchos preámbulos, las mujeres comenzaron a cocinar. La cocina campesina es sencilla; se basa en lo que recolectan en los campos y estanques. Lo normal es que incluya sopa clara, curry, pescado frito y arroz. Todo se sirve a la vez y se come con la mano derecha.

Comenzaron cocinando samlor kako, un guiso de vegetales con calabaza, plátanos verdes y

un montón de hierbas amargas que yo desconocía. Lo sazonaron con tamarindo y salsa de pescado, y lo dejaron reposar. Siguieron con un salteado de pez gato con leche de coco.

Y llegó el turno del plato que yo temía, el prahok lin, un salteado de cerdo con pasta de pescado fermentado. El prahok es el residuo sólido que queda después de preparar salsa de pescado, es decir, pescado podrido; para los camboyanos es una delicia. Por lo general solo añaden un poco a cada plato, pero en este es el ingrediente principal. Se saltea panceta de cerdo con ajo, berenjenas y muchas guindillas. Después se añade un cucharón de prahok y por último se cuaja un huevo. Solo el olor ya era para echar a correr.

Sam y yo nos sentamos a comer. Yo seguía pensando en huir cuando de repente recordé la frase de Yoda: «Hazlo o no lo hagas, pero no lo intentes». Así que, cuando me pusieron delante la fuente de prahok lin, que hedía como el infierno, solo dudé un instante. Toda la familia clavaba su tierna mirada en mí; no podía fallarles. Me metí en la boca una cucharada colmada y, mientras tragaba, dibujé la mejor de mis sonrisas.

La experiencia fue mejor de lo esperado. Después del primer bocado pútrido, lo cierto es que estaba rico, algo así como un guiso de anchoas en salazón. Los demás platos también estaban buenos y yo me sentía tremendamente orgulloso de habérmelo comido todo y de haber sido educado con aquella familia tan amable.

Nos despedimos dando las gracias y regresamos a Siem Reap bajo un calor que difuminaba el perfil de las cosas. Durante el viaje de vuelta no pude dejar de pensar en mis padres, que jamás me obligaron a comer nada que no quisiera, y en cómo, gracias a eso, he podido acercarme sin miedo a miles de sabores nuevos y desconocidos. Mil gracias.

COCER ARROZ AL VAPOR

Hervir arroz «al modo asiático» es sencillo y, con un poco de práctica, conseguirás granos sueltos y en su punto. Esta es la manera:

1. Compra arroz de calidad. El mejor es el jazmín tailandés; es más caro, pero excelente.

2. Usa arroz de grano largo. Tiene menos cantidad de almidón y queda más suelto.

3. Emplea una cazuela grande y de fondo grueso para evitar que se te pegue. Es recomendable tener tu «cacerola del arroz»; así, siempre lo prepararás en el mismo punto.

4. Lava el arroz hasta que el agua salga clara —perderá gran parte del almidón y quedará más suelto— y escúrrelo bien.

5. La cantidad de agua por arroz depende del tipo de grano. El de grano largo necesita menos agua, lo normal es 1 parte de arroz por 1 y ½ de agua. Existe un truco de madre asiática para clavarla: pon el arroz en la cazuela y rásalo. Apoya el dedo índice sobre el arroz, sin hundirlo, y agrega agua hasta que te llegue justo por debajo de la primera falange. Esa es la medida exacta, sea cual sea la cantidad de arroz. Añade sal y mezcla.

6. Pon la cazuela a fuego fuerte y deja hervir destapado hasta que el agua se haya evaporado; entonces, baja al mínimo, tapa bien y deja cocer 10 min exactos. En cocinas de inducción o vitrocerámica suele ser al 2-3.

7. Retira del fuego y deja reposar 1 min sobre una bayeta húmeda. Destapa y «esponja» el arroz; es decir, remueve con cuidado de no romper los granos, dando la vuelta para que salga el calor. Este paso es vital, así conseguirás que no se pase.

INGREDIENTES

2 chuletas no muy finas de aguja de cerdo

2 huevos

Do Chua (encurtido de daikon y zanahoria)
(ver pág. 204)

aceite de cebolletas (ver pág. 212)

arroz jazmín recién hervido

sal

pimienta negra recién molida

La marinada

20 g de cebolla roja picada
en dados muy finos

2 tallos de lemongrass sin la capa exterior
y troceados en aros finos

1 cdta. de un majado de ajo y jengibre

30 g de azúcar moreno

1 cdta. de pimienta molida

2 cdas. de salsa de pescado

1 cdta. de salsa de soja oscura

½ cda. de aceite

½ cdta. de sal

2 cdas. de agua

BAI SAT CHROUK

Chuletas de cerdo a la brasa con arroz, encurtidos y huevo frito

👤 **2 personas**

Durante las semanas que pasé en Phnom Penh me alojé en un hotel sucio y barato cerca del Psar Tmei, el mercado central, un edificio art déco de los años veinte. Cada mañana salía muy pronto, antes de que el sol quemara, y me paseaba buscando comida y haciendo fotos. Siempre intentaba ser original con mis desayunos, pero a menudo sucumbía a las humaredas que olían a carne asada y azúcar de palma tostado.

Eran puestos que servían Bai Sat Chrouk, uno de los desayunos más populares de Camboya. Es barato, delicioso y llena la panza. Se trata de trozos de cerdo asados sobre carbón y servidos encima de arroz roto, que se acompañan con huevo frito, encurtidos y un tazón claro de sopa. En el sur de Vietnam tienen un plato muy similar llamado «com tam suon nuong».

Muy cerca del Psar Kandal, otro mercado de la ciudad, hay un restaurante llamado 126. Es tan popular que si no estás allí antes de las 7, no encuentras sitio. Siempre está lleno de familias y trabajadores. Sirven los mejores desayunos de todo el país y su cerdo a la parrilla es, sin duda, el mejor que uno puede comer en la capital.

PREPARACIÓN

1. Mezcla bien todos los ingredientes del aliño. Marina la carne durante unas 4 h o, si fuera posible, toda la noche.

2. Antes de cocinar, saca la carne de la nevera y permite que se temple al menos durante media hora. Retira la carne de la marinada y escúrrela. Prepara las brasas y, cuando estén en su punto, asa las chuletas hasta que estén doradas por fuera, pero jugosas por dentro. Si quieres, mientras se cocinan, puedes pintarlas con el sobrante de la marinada.

3. Mientras tanto, fríe los dos huevos. Con puntillas, por favor, y sala.

4. Monta el plato. Quita el hueso y trocea las chuletas en láminas gruesas. Pon en cada plato una montaña de arroz y encima la carne con el huevo al lado y el Do Chua en un bol. Sazona las chuletas con una cucharada de aceite de cebolletas. Cómelo con alguna salsa picante.

INGREDIENTES

300 g de aguja de cerdo, sin hueso
y cortada en láminas muy finas

2 ajos picados

1 cebolla roja pequeña cortada
en lágrimas muy finas

½ lima en salmuera troceada (entre 12-15 g,
según lo ácido que te guste)

3 cebolletas chinas cortadas en cuartos

2 cdas. de aceite

La salsa

½ cdta. de salsa de pescado
o salsa de soja clara

1 y ½ cdtas. de salsa de ostras

½ cdta. de azúcar

4-5 cdas. de caldo o agua

sal

pimienta negra

½ cda. de agua fría mezclada con ½ cdta.
de maicena (opcional)

CHA SAT CHROUK NGAM NGUV

Cerdo salteado con limas en salmuera

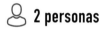 2 personas

Sabía de antemano que los camboyanos usan limas en salmuera en algunos platos, pero durante la primera parte del viaje me harté de buscarlas sin dar con ellas, hasta que de manera casual me topé con un restaurante llamado Kongsey que acababa de abrir en el centro de Phnom Penh. El local servía comida tradicional khmer, de esa que no encuentras en los menús para turistas. Durante esos días, además, llegó a la ciudad Juan, el amigo de un amigo, al que acababan de destinar a la capital. Como su hotel quedaba frente al restaurante, comenzamos a frecuentarlo cada tarde. El ambiente era muy divertido, con los amigos del jefe montando parranda todas las noches. Nos dimos cuenta de que el dueño no paraba de invitar y de que el restaurante iba directo a la ruina, así que Juan y yo nos lanzamos a probar toda la carta antes de que fuera demasiado tarde. Tomábamos una buena mano de cervezas antes de pedir los platos más raros. Medio borrachos, comíamos tripas de cerdo, hormigas salteadas o grillos a la parrilla. Ojeando la carta di con un cerdo salteado que contenía las famosas limas. Lo pedimos y, como ya había confianza, me invitaron a la cocina a ver cómo lo preparaban. Después nos lo comimos y estaba delicioso: ácido, dulzón y con ese «gusto a Fairy» que me encanta. Es una de las recetas que más me gustaron durante el viaje.

Por cierto, después de que probáramos toda la carta, el restaurante cerró.

PREPARACIÓN

1. Mezcla los ingredientes de la salsa.

2. Salpimienta el cerdo. Calienta en un wok dos cucharadas de aceite y saltéalo a fuego fuerte. Dóralo por una cara y retira cuando aún esté crudo por el otro lado.

3. Pon otra cucharada de aceite en el wok y, a fuego suave, saltea el ajo y la cebolla hasta que estén tiernos. Incorpora las cebolletas y la lima. Mézclalo bien.

4. Moja con la salsa (y un poco más de agua si lo quieres más líquido) y déjalo hervir 2 min. Introduce el cerdo y mézclalo bien. Déjalo 1 min más para que termine de cocinarse. Rectifica de sazón. Añade el agua con maicena y déjalo unos segundos para que la salsa ligue.

5. Sírvelo con mucho arroz hervido.

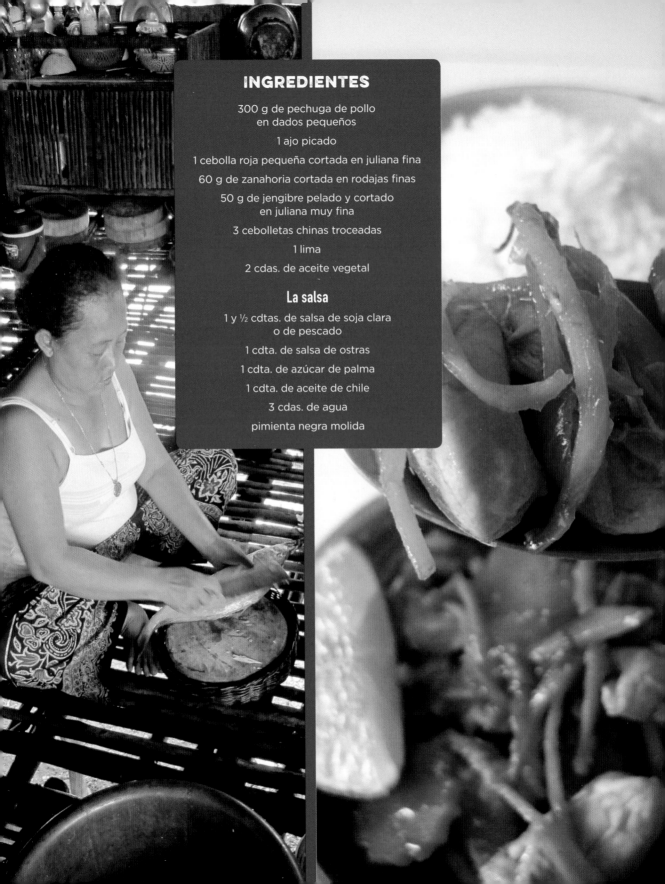

INGREDIENTES

300 g de pechuga de pollo
en dados pequeños

1 ajo picado

1 cebolla roja pequeña cortada en juliana fina

60 g de zanahoria cortada en rodajas finas

50 g de jengibre pelado y cortado
en juliana muy fina

3 cebolletas chinas troceadas

1 lima

2 cdas. de aceite vegetal

La salsa

1 y ½ cdtas. de salsa de soja clara
o de pescado

1 cdta. de salsa de ostras

1 cdta. de azúcar de palma

1 cdta. de aceite de chile

3 cdas. de agua

pimienta negra molida

CHA SAT MOAN KHNEY

Pollo salteado con jengibre

👤 1 persona como plato único o para varias en una comida asiática de más platos

Esta receta la aprendí en Kampong Pluk, un lugar que parece un decorado de cine. Está a orillas del lago Tonle Sap y, por la proximidad del agua, todas las casas se elevan más de 10 metros sobre pilotes de madera. El pueblo pasa la mitad del año sumergido —en época de monzones— y la otra mitad, en medio de un polvazal.

Llegué allí buscando a Srey, un chico que había prometido enseñarme algún plato del lugar. Era verano y las calles parecían un pueblo del lejano oeste. Yo estaba deshidratado y confuso después de 3 horas en bici bajo el sol y de que un monje budista me hubiera bendecido escupiéndome en las manos. Cuando encontré al muchacho, me llevó a su casa y me presentó a su familia. Subimos a la cocina del primer piso y, sobre unas listas de bambú que parecía que iban a quebrarse a cada paso, su madre cocinó para mí. Pasé miedo tomando notas y pensando que el suelo iba a abrirse bajo mis pies. Luego subimos más alto y comimos sobre un secadero de gambas encima de un precipicio: pollo con jengibre, pescado frito con lemongrass, pasta de pescado fermentado y té amargo y caliente. Terminamos la tarde navegando por el lago, tomando birras Angkor calientes y fumando cigarros Alain Delon sobre un restaurante flotante. Un gran día.

PREPARACIÓN

1. Salpimienta el pollo. En un wok, calienta una de las cucharadas de aceite. Cuando humee, dóralo ligeramente para que quede tostado por fuera y crudo por dentro. Retira.

2. Limpia el wok y pon el resto del aceite. A fuego medio, sofríe el ajo. Cuando empiece a dorarse, sube el fuego y añade la cebolla, la zanahoria y el jengibre, y sigue salteando 2 min hasta que las verduras estén tiernas pero crujientes.

3. Sube el fuego y reincorpora el pollo. Moja con la salsa y deja que la carne termine de cocinarse durante 2 min. Ten cuidado de que no se pase o quedará seco.

4. Pon las cebolletas y dale un par de vueltas más. Si quieres, puedes agregar un chorro de lima. Sírvelo con mucho arroz jazmín hervido.

5. Puedes hacer como los chinos y, en el último momento, ligar la salsa con algo de maicena diluida en agua fría. De esta manera conseguirás una salsa más trabada.

INGREDIENTES

600 g de costillas de cerdo troceadas

3-4 cdas. de kroeung verde (ver pág. 197)

4 hojas de lima kaffir

4 berenjenas verdes tailandesas
(o 150 g de berenjenas normales)

150 g de piña fresca troceada

1 cda. de salsa de pescado

½ cda. de azúcar de palma

2 cdas. de agua de tamarindo (ver pág. 213)

100 g de leche de coco mezclada
con 100 g de caldo

sal

pimienta negra

albahaca tailandesa

caldo de pollo o agua

1 y ½ cdas. de aceite

SAMLOR KTIS MNOH

Curry verde de costillas de cerdo con piña y berenjenas

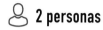 2 personas

Pasé muchos días en Phnom Penh intentando entender la cocina camboyana y os aseguro que sin contactos y sin conocer el idioma no es un asunto fácil. Es una gastronomía críptica. Tenía la sensación de dar vueltas como pollo sin cabeza probando siempre las mismas cosas y sin avanzar mucho.

Hasta que la bloguera Lina Goldberg vino en mi auxilio y me proporcionó algunos nombres. Un par de ellos fueron los de Veasna y Naill, una pareja que regentaba el restaurante The Empire, en la capital. Ni corto ni perezoso, me presenté allí suplicando ayuda y ellos, en lugar de mandarme a tomar viento, me abrieron las puertas de su casa. Veasna, el chef, me invitó a su cocina, me llevó al mercado y me enseñó a preparar tres platos de su local; así, sin pedir nada a cambio, con una sonrisa. Gente buena. El caso es que, años después, encontré a Veasna convertido en una celebridad gracias a sus videorrecetas en Youtube. Me alegré porque se lo merece.

Los curries en Camboya son platos de celebración, diferentes a los de Tailandia y Vietnam, y están más relacionados con los indios. En este caso, la receta se apoya en las hierbas frescas de su kroeung, ya que no usa ningún tipo de especia seca. Veasna me contó que la receta se la enseñó su madre y que era antigua e importante para su familia.

PREPARACIÓN

1. Salpimienta las costillas. Pon el aceite en una olla y sella las costillas. Cuando estén doradas, baja el fuego y añade el kroeung. Mezcla bien y deja que se sofría suavemente 5 min. Si quedara seco, añade alguna cucharada de agua.

2. Cubre con agua y deja hervir suavemente 1 h, hasta que la carne esté muy tierna. Ve mojando con más agua si ves que queda seco.

3. Sazona con salsa de pescado, azúcar y agua de tamarindo. Incorpora la lima kaffir, las berenjenas y la piña, y moja con la leche de coco mezclada con caldo. Deja que se cocine a fuego suave 10 min. Ten en cuenta que la carne debe separarse fácilmente del hueso, pero que las verduras aún deben estar firmes.

4. Rectifica de sazón y añade la albahaca. El guiso debe quedar sazonado, dulzón y con un punto ácido. Sírvelo con arroz blanco o pan tierno.

INGREDIENTES

200 g de chipirones limpios
y troceados en aros

2 ajos fileteados

40 g de cebolla roja en juliana fina

1 chile rojo fresco grande, partido en 5 láminas

5 ramas de pimienta verde o 1 cda. colmada
de pimienta verde en salmuera lavada

4 cebolletas chinas troceadas en 4 cada una

2 cdas. de aceite

La salsa

1 cdta. de salsa de pescado
o salsa de soja clara

1 cda. colmada de salsa de ostras

1 y ½ cdtas. de vino chino

½ cdta. de azúcar de palma o moreno

2 cdas. de agua

CHA MAK CHIA MUI MARETT KCHAI KAMPOT

Chipirones salteados a la pimienta verde de Kampot

👤 **2 personas**

El pueblo de Kampot era especial, un pequeño paraíso a cuatro horas de la locura y la contaminación de Phnom Penh. Era pequeño, olvidado y bonito. Situado a orillas de un río ancho frente a las montañas de Bokor, tenía un mercado colonial abandonado, tiendas chinas y abuelos que aún vestían boina y jugaban a la petanca. Gente amable. Todavía no estaba invadido de mochileros y había pocos alojamientos. Me quedé en una modesta pensión, donde me dieron una habitación pintada de amarillo chillón; «el cuarto de los mapas», se llamaba. En ese momento, me enamoré del lugar.

Un día hice una excursión en bici de Kampot a Kep: 50 kilómetros ida y vuelta. Todo bien, pero me olvidé la crema solar en mi cuarto. Sol inclemente. Cuando llegué al mercado de cangrejos estaba achicharrado, así que me refugié en uno de los chiringuitos de la playa. Pedí una Angkor helada para refrescarme los brazos y el cogote con la botella, y me comí un plato inmenso de chipirones humeantes, lleno hasta los topes de ramas de pimienta verde. Y como aún era pronto y el sol estaba alto, permanecí más de 4 horas en aquel tugurio fisgando por la cocina hasta que pude emprender mi camino de vuelta.

PREPARACIÓN

1. Mezcla los ingredientes de la salsa y reserva.

2. Pon una cucharada de aceite en un wok. Cuando humee, saltea los chipirones a fuego muy fuerte durante 1 min. Reserva. Procura que no se pasen o quedarán duros. No pasa nada si quedan un poco crudos por uno de los lados; se terminarán de hacer en la salsa.

3. Lava el wok. Pon el resto del aceite y dora a fuego suave los ajos, las cebollas, el chile y la pimienta, procurando que tomen color, pero sin tostarse.

4. Sube el fuego, añade las cebolletas y moja con la salsa. Permite que dé un hervor durante 1 min. Incorpora los chipirones y agrega algo más de agua si ves que queda seco, pero que no cueza demasiado o los chipirones se pondrán correosos. Rectifica de sazón y retira del fuego. Sírvelo con arroz hervido y unos gajos de lima.

5. Si quieres espesar un poco la salsa, en el último momento puedes incorporar un poco de maicena disuelta en agua fría.

INGREDIENTES

1 dorada limpia de unos 400 g

harina de arroz

sal

pimienta negra

2 ajos picados

100 g de jengibre pelado, cortado
en juliana lo más fina posible

4 cebolletas chinas troceadas

3 cdtas. de judías fermentadas tauchou
(se pueden sustituir por judías negras
en salmuera)

1 cda. de aceite

aceite para freír el pescado

La salsa

1 y ½ o 2 cdtas. de salsa de pescado

2 cdtas. de salsa de ostras

2 cdtas. de vinagre de arroz

2 cdtas. de azúcar de palma o moreno

2 cdas. de agua

TREY CHIEN CHUON

Dorada frita con salsa de jengibre y judías de soja

👤 2 personas

La isla de los Conejos es un islote situado frente a la ciudad de Kep. Fui allí buscando playa, buen pescado y paz; encontré las dos primeras, pero no la última. La televisión camboyana había decidido grabar el programa especial de fin de año justo delante de mi bungalow. Cuando desembarqué, me encontré con dos docenas de jóvenes bailando sin parar durante horas con música a todo volumen. Me armé de paciencia, procuré disfrutar y seguí con mis planes. Ruidosos, eso sí.

Lo que también encontré fue una comida fresca y excepcional. Muy cerca de mi choza había un restaurante llamado Kem Vouch Aiu, uno de los tres o cuatro que había repartidos por la playa. Conocí a un jubilado de Arkansas que nada más sentarme me dijo: «Llevo un mes en la isla y aquí hacen el mejor pescado que he comido nunca». Así que, tras comprobar que estaba en lo cierto, hice de aquel local mi cuartel general. La cocinera se llamaba Chándara y trabajaba bajo un entoldado de paja en la parte trasera. Tenía a cuatro chicas y un ejército de moscas de ayudantes. Enseguida se acostumbraron a que fisgara en la cocina. Los pescadores atracaban sus barcas de madera pintada frente al restaurante y le vendían a Chándara directamente sus capturas. Esta es una de sus recetas.

PREPARACIÓN

1. Desangra el pescado sumergiéndolo en agua fría durante 1 h. Escúrrelo y sécalo bien. Haz 2 o 3 cortes sobre el lomo. Salpimienta levemente, pásalo por harina de arroz y sacúdelo para retirar el exceso. Pon a calentar suficiente aceite para cubrir el pescado y fríelo a fuego medio hasta que esté dorado pero aún jugoso. Retira y escúrrelo sobre papel absorbente.

2. En una sartén, pon a calentar una cucharada de aceite y dora el ajo levemente. Añade el jengibre y sofríe a fuego suave unos 5 min, hasta que esté blando y algo tostado.

3. Incorpora las cebolletas y las judías, y déjalo otro par de minutos. Al final, incorpora la salsa y mezcla bien. Déjalo hervir suavemente 2 o 3 min. Si queda demasiado seco, moja con algo de agua.

4. Vierte la salsa encima del pescado frito. Se come con mucho arroz, lima y alguna salsa picante.

PRAHOK: ¿Pescado podrido en tu plato?

El prahok, pescado fermentado, es la seña de identidad de la cocina camboyana, lo que la distingue de sus vecinas y la hace olorosa, profunda y difícil de asimilar por los occidentales.

De mayo a noviembre, el deshielo de las nieves del Himalaya inunda los cursos del Mekong y el Tonle Sap; el agua puede subir hasta 12 metros y el centro del país se convierte en un mar. En diciembre, cuando las aguas se retiran, los arroyos, charcos y campos se llenan de incontables peces y miles de campesinos van tras ellos. Es una recolección manual e itinerante de los animales atrapados en el barro. El prahok fue la respuesta camboyana a esta sobreabundancia de pescado y a la necesidad de conservarlo y disponer de un suplemento de proteínas todo el año.

Existen dos variedades de prahok: una con pescados pequeños con espinas y poco valiosos (prahok cheung) y otra con filetes de pescado sin espinas (prahok sach). En ambos casos el proceso de fermentación es tradicional y similar. Para el primero, más común, se les quita la cabeza y se disponen en canastas de bambú con agua, donde se pisan repetidamente. De esta manera se les retira la piel y parte de las tripas, y se limpian bien. Esto se repite varias veces. Después, se extienden sobre hojas de palma y se dejan al sol un par de días. Por último, se mezclan con gran cantidad de sal y se guardan en recipientes de loza donde se conservan entre 6 meses y 2 años.

El resultado es una pasta untuosa de color gris pálido, fuerte olor y sabor similar al del queso azul. La calidad, el aroma y el sabor varían mucho según el pescado empleado y el tiempo de fermentación. El prahock se usa como condimento para sazonar la mayoría de los platos, como ingrediente principal en algunos (prahok lin) o en salsas como el teuk prahok. En cualquier caso, siempre aporta un sabor a mar y a podrido.

Su presencia ha hecho que la cocina camboyana sea desconocida por completo para los occidentales, que prefieren «refugiarse» en restaurantes Lonely Planet. Mientras tanto, la auténtica y deliciosa cocina khmer sigue allí fuera, esperando ser descubierta.

EL MERCADO DE CANGREJOS DE KEP

Hasta 1975, el pueblo de Kep sur Mer, en la costa sur de Camboya fue un centro de vacaciones para la élite del país. Ese año, el khmer rojo tomó el poder, expulsó a los habitantes del pueblo y dinamitó las mansiones que punteaban la costa. Durante los años del horror no hubo vacaciones ni baños en la playa ni refinados restaurantes. Por fortuna, hoy el lugar ha olvidado el pasado y es solo un pequeño y agradable pueblo costero.

En Kep se encuentra uno de los más fascinantes mercados de cangrejos de Camboya. Las aguas que rodean el pueblo son increíblemente ricas, sobre todo en cangrejos, los «nadadores azules», una especie de carne dulce y sabrosa.

El mercado se encuentra a unos 2 km del pueblo, junto a una playa oscura y pedregosa cuajada de palmeras. Desde el alba, decenas de pescadoras tapadas hasta los ojos para que el sol no las queme entran y salen sin parar del mar con grandes nasas de bambú trenzado. Cada poco las retiran llenas hasta los topes de cangrejos y las sustituyen por otras vacías.

En la arena, otras mujeres se arremolinan en torno a las pescadoras para escoger el mejor género. Lo compran para los restaurantes o se lo venden a los turistas que se apiñan ante el espectáculo. Para un extranjero el regateo es mucho más duro que para un local. Si hablas alguna palabra en khmer serás más respetado y conseguirás mejor precio. Lo más importante es distinguir machos de hembras y saber si prefieres más carne en las pinzas o un abdomen lleno de huevas. Los cangrejos desechados se cuecen en grandes marmitas con agua, sobre fuegos de fibras de coco.

Toda la escena es vibrante, bajo el batir de las olas y el griterío incesante. Es un mundo femenino, rápido y marinero; de mujeres duras, que hacen negocios y sonríen mientras parlotean e intercambian cangrejos y fajos de billetes.

Al lado hay una docena de restaurantes abiertos a la carretera que cocinan de manera sencilla rayas, chipirones, sepias, camarones y, sobre todo, cangrejos salteados con pimienta verde, una delicia tan grande que merece la pena desplazarse hasta Kep solo para probarla.

INGREDIENTES

2 cangrejos azules de unos 200 g cada uno

2 cdas. de aceite vegetal

1 ajo picado finamente

½ cebolla roja cortada en dados (unos 40 g)

6 rodajas de chile rojo fresco grande

4 cebolletas chinas troceadas

La salsa

1 cda. de salsa de caramelo (ver pág. 209)

½ cda. de pimienta negra recién molida

1 cda. de salsa de soja clara

1 cda. de salsa de ostras

5 cdas. de agua

CHA K'DAM MARET

Cangrejo con salsa de caramelo y pimienta negra de Kampot

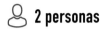 2 personas

Koh Kong es el salvaje oeste camboyano. El pueblo, encajonado entre el océano, la frontera thai y las montañas, es una suerte de agujero, aunque las cosas han mejorado. Ahora hay algún turista, una carretera que lo une a la capital y un par de casinos donde los tailandeses vienen a dejarse los cuartos. Aun así, Koh Kong no ha sido capaz de dejar atrás las calles polvorientas y el aspecto de pueblo olvidado con paseo marítimo.

De todos modos, en un mundo donde quedan pocos lugares sin «estandarizar», Koh Kong es un soplo de aire fresco. Cerca del pueblo está la playa de Koh Yor, salvaje y cochina. En su arena conviven toneladas de bolsas de plástico con chiringuitos donde los paisanos van a pasar el día. En uno de esos chamizos aterricé el día antes de dejar Camboya. Estaba melancólico, así que trasegué unas cervezas mientras pensaba en la fugacidad de todo. «Solo permanece la impermanencia», decía el Buda, así que me iluminé y decidí darme un atracón de marisco. Pedí un plato que nunca había pedido: cangrejo con caramelo. Mientras esperaba, me colé en la cocina. Después comí y me pasé más de una hora chupando carne de cangrejo dulzona y llena de pimienta. Sí, el momento fue fugaz pero cojonudo.

PREPARACIÓN

1. Mezcla la salsa.

2. Si los cangrejos están vivos, métolos un rato en el congelador para que se atonten. Sácalos y quítales el caparazón. Retira las agallas grises y separa las pinzas. Parte el cuerpo por la mitad y divide cada mitad en dos con sus patas. Lava y seca bien. Rompe levemente las pinzas para que la salsa penetre en la carne.

3. Pon la mitad del aceite en el wok y saltea los cangrejos a fuego fuerte. Hazlo hasta que estén bien rojos. Reserva.

4. Limpia el wok y pon el resto del aceite. A fuego suave, sofríe el ajo, la cebolla y el chile; cuando empiecen a dorarse, añade la salsa y deja hervir. Devuelve los cangrejos y las cebolletas al wok, mezcla bien y tapa. Permite que se cocinen 5 min a fuego suave. Si quedara seco, agrega alguna cucharada de agua.

5. Deja que la salsa espese dándole un último hervor a fuego fuerte. Acompaña con arroz blanco, birras y muchas servilletas.

INGREDIENTES

6 gambones pelados y desvenados

4 cdas. de salsa para ensalada khmer
(ver pág. 206)

60 g de mango verde en juliana fina

20 g de cebolla roja en juliana muy fina
(dejar 1 h en agua fría, para que pierda fuerza;
después, secar bien)

20 g de pepino pelado y cortado
en juliana fina

20 g de zanahoria pelada y cortada
en juliana fina

1 cebolleta china picada

1 chile ojo de pájaro picado

cilantro fresco picado

menta fresca picada

2 cdas. de cacahuetes tostados y picados

lima

salsa de pescado

pimienta negra

sal

1 cdta. de aceite

NHAM SVAY BANGKIA

Ensalada de gambones y mango verde

 1 persona

El FCC, el Foreing Correspondant Club, es uno de los bares más míticos de Phnom Penh. Allí se reunían los periodistas extranjeros a tomar gin-tonics cada vez que volvían de recabar noticias de la guerra que se libró en Camboya en los setenta. Durante mi viaje, fui a comer allí varias veces, por su ambiente, por las vistas del río y, sobre todo, porque en su restaurante se comen especialidades camboyanas tradicionales, pero cocinadas con mimo y limpieza.

Uno de esos días, mientras estaba absorto en mis cosas, alcé la vista y vi una cara que me resultó familiar: un hombre mayor de pelo y mostacho canosos se tomaba una cerveza en la barra. A su lado tenía una vieja cámara fotográfica. Después de observarlo con calma, creí reconocer en él a Al Rockoff, uno de los reporteros legendarios que cubrieron la guerra de Vietnam y Camboya, y que aún viven para contarlo. Quizá recordéis la película Los gritos del silencio, sobre la caída de Phnom Penh y el genocidio que le siguió. En ella, John Malkovich interpreta a un histriónico y genial Rockoff. Me levanté y, como una adolescente tímida, le pregunté si era Al. Sonriendo, me dijo que sí y, estrechándome la mano, me invitó a sentarme a su lado. De esta manera casual fue como compartí birra y conversación con una leyenda viva a la que había admirado desde niño.

Este es el plato que estaba comiendo en ese momento, un ejemplo perfecto de cómo son las ensaladas camboyanas: frescas, crujientes y llenas de contrastes y sabor. El mango verde es el ingrediente básico, pero puede sustituirse por papaya verde, pomelo asiático o incluso zanahoria.

PREPARACIÓN

1. Salpimienta los gambones. Pon un wok al fuego, añade aceite y, cuando humee, saltéalos hasta que estén dorados por fuera pero aún jugosos. Reserva.

2. Monta la ensalada mezclando el mango, la cebolla, el pepino, la zanahoria, la cebolleta, el chile, el cilantro y la menta. Aliña con la salsa y mézclalo a mano. Deja reposar unos minutos.

3. Pruébalo y, si fuera necesario, aliña con más lima y salsa de pescado. Coloca los gambones encima y espolvorea con los cacahuetes. Come con arroz glutinoso (ver pág. 146).

INGREDIENTES

120 g de carpaccio de ternera
(o una pieza de carne a la brasa fileteada)

2 cdas. de zumo de lima

La salsa

1 cda. de zumo de lima

1-2 cdtas. de salsa de pescado

½ cdta. de azúcar blanco

1-2 chiles rojos ojo de pájaro,
picados muy finamente

1 tallo de lemongrass picado muy fino
(retira la primera capa)

1 cebolleta china troceada en láminas finas

¼ de ajo muy picado

20 g de cebolla roja cortada en juliana muy
fina (dejar ½ hora en agua fría,
para que pierda fuerza)

15 g de zanahoria cortada en juliana fina

4 judías verdes redondas, blanqueadas 1 min
en agua hirviendo y troceadas

6 cacahuetes tostados y picados

sal

pimienta negra

cilantro fresco picado

menta fresca picada

1 cdta. de cebolla frita crujiente

PLEA SAT KO

Ensalada de carpaccio de ternera

 2 personas

En Camboya existe un tipo de ensalada llamada «plea» que emplea carne o pescado crudo macerados en zumo de lima. A los hombres camboyanos les encanta trasegar cerveza acompañada de estas ensaladas como aperitivo.

En el norte del país hay una hermosa ciudad llamada Kratie. Está a orillas del Mekong, frente a una isla cubierta de selva, y aún tiene mucho encanto. Pasé algunos de los mejores días de mi viaje explorando las islas que puntean el río. Alquilé un tuk-tuk y fui a dormir a otra isla llamada Koh Phdao. Allí me quedé un tiempo con una familia de campesinos muy majos; días hermosos de baños en el río, arrear búfalos y, en esencia, no hacer nada. Al poco de estar allí tenía el alma henchida de paz y campo, y a la par, estaba hasta las bolas de tantos búfalos y tanto arroz hervido, así que hice el petate y me despedí de aquella gente con cariño y pena.

Regresé en bici a Kratie bajo un sol inclemente y, tras darme una buena ducha, me fui al primer bar donde vi camboyanos bebiendo. Me pedí una Angkor helada y luego otra y otra, y cuando me di cuenta de que ya estaba bien hidratado, me comí una plea de ternera que me supo a gloria bendita. Era tierna y ácida, con muchos cacahuetes y tantas guindillas que la coronilla me sudaba sin parar. Felicidad.

PREPARACIÓN

1. Aliña la carne con el zumo de lima, mézclalo bien y deja reposar unos 20 min.

2. Mezcla los ingredientes de la salsa hasta que el azúcar esté bien disuelto.

3. En un bol pon el lemongrass, la cebolleta, el ajo, la cebolla, la zanahoria, las judías verdes y los cacahuetes. Agrega la carne y aliña con la salsa, la pimienta, el cilantro, la menta y la cebolla frita. Mézclalo muy bien, mejor a mano, y corrige de sazón.

4. Sírvelo con arroz glutinoso (ver pág. 146) y otros platos, o solo como un aperitivo con unas cervezas muy frías.

INGREDIENTES

450 g de berenjenas asiáticas

200 g de carne picada de cerdo

2 ajos picados

1 chile ojo de pájaro picado

3 cebolletas chinas picadas

1 cda. de aceite

La salsa

1 cda. de salsa de ostras

1 y ½ cdtas. de salsa de pescado

½ cdta. de salsa de soja oscura

4 cdas. de agua

½ cdta. de azúcar de palma

¼ de cdta. de pimienta negra molida

cilantro fresco picado

lima

CHA CHIA MUI SAT CHROUK

Berenjena asada con carne picada de cerdo

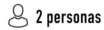 2 personas

Llegué a la ciudad de Battambang sin grandes esperanzas, pero me gustó desde el principio. Encontré un lugar tranquilo y manejable sin las apreturas y agobios de Phnom Penh. Lo que más disfruté fueron los templos de Ek Phnom, no tanto por lo bonitos que son, sino por los 18 km antes de llegar a ellos. Decidí hacerlos caminando y sí, acabé reventado y quemado, pero me lo pasé en grande. Durante horas no paré de saludar a gente, conocí los pueblos donde preparan papel de arroz y me perdí en la fétida inmundicia de un embarcadero de prahok. Cuando llegué, una mujer muy simpática me preparó un gran bol de arroz con berenjenas mientras el cielo rugía. Mi regreso a Battambang fue glorioso: un conductor de tractor, que llevaba un millón de bidones de agua en un transportín, se ofreció a llevarme, así que desanduve el camino encima de aquella montaña de plástico mientras la gente de los pueblos me jaleaba y me decía cosas bonitas e incomprensibles.

Berenjenas y carne de cerdo son una pareja habitual en muchas recetas de Asia. Se complementan de maravilla y, en este caso, crean un plato único, con toques ahumados, dulces y salados.

PREPARACIÓN

1. Mezcla bien todos los ingredientes de la salsa hasta que el azúcar esté disuelto.

2. Pincha las berenjenas con la punta de un cuchillo, para evitar que se abran. Precalienta el horno a 200 °C y asa las berenjenas durante unos 30 min, dándoles la vuelta a mitad de cocción, hasta que estén tostadas. Déjalas enfriar y pélalas con cuidado para conservar la mayor cantidad de carne posible. Corta en trozos regulares.

3. En una sartén, calienta el aceite y sofríe el ajo y el chile. Cuando comiencen a dorarse, añade la carne de cerdo y deja que pierda el color rosado. Moja con la salsa y deja hervir suavemente unos 4 min.

4. Incorpora la berenjena y las cebolletas, moja con otras 2 cucharadas de agua y mezcla bien salteando durante otro minuto. Ten cuidado de que las berenjenas no se deshagan demasiado. Rectifica de sazón y agrega el cilantro picado justo antes de apagar el fuego. Sirve con arroz jazmín, lima y alguna salsa picante.

Tailandia

TAILANDIA

TAILANDIA

La cocina thai en 7 claves

Tailandia es un cruce de caminos entre la India y China. Birmania, Laos y Camboya la rodean por el norte, y está abierta al mar por el sur. Durante la edad antigua estuvo influida por el hinduismo desde la India y Java. En el siglo XIII alcanzó su apogeo con el reino de Shukotai, pero durante su lento declive fueron el Imperio de Angkor, los reinos birmanos y los sultanatos malayos los que influyeron en la corte de Siam. En el siglo XVI llegaron los primeros comerciantes portugueses y, con ellos, productos que venían del viejo y el nuevo mundo, entre otros las guindillas. Sin embargo, a pesar de los vaivenes de la historia, Tailandia fue el único país de Indochina que no se sometió a la colonización.

Su gastronomía es el reflejo de esta historia. La cocina tailandesa ha sabido colocarse entre las mejores del mundo y, sin embargo, no hace mucho era modesta y campesina, similar a como era la española de los años cuarenta. Se trataba de una cocina de sabores intensos, profundamente omnívora y sabia a la hora de emplear todo lo que el entorno ofrecía. Se basaba en el arroz y contenía saborizantes potentes y baratos.

Estas son algunas claves para entenderla:

1. **La cocina del sabor**: si algo define la cocina tailandesa es la explosión de sabores que hay en sus platos. Mientras las cocinas occidentales se han movido en un rango de sabores muy corto, en Tailandia desde siempre se ha tendido hacia los límites del gusto. No hay separación entre sabores. Todos los platos son a la vez salados y dulces, ácidos, amargos y picantes.

Cada plato es salado gracias a la salsa de pescado; tiene el dulzor de la leche de coco y el azúcar de palma; es cítrico por las hojas, las limas y el tamarindo; sabe amargo por las hierbas silvestres y tiene el toque picante de las guindillas. Ese es el secreto de la cocina thai: sabores fuertes y ausencia de miedo al sazonar.

2. **La cocina del equilibrio**: la cocina thai se basa en el equilibrio y en los sabores encontrados. Al combinar constantemente los cinco sabores en cada plato, los cocineros tailandeses son maestros buscando la armonía para que ningún gusto predomine y exista un balance entre todos ellos. Y no es sencillo. De esta manera, cada receta es una explosión de sabores, pero también de colores, olores, temperaturas y texturas.

3. **La cocina del picante**: cuando los barcos portugueses trajeron de América las guindillas, no podían imaginarse que estaban sentando las bases de la cocina thai. Los tailandeses adaptaron enseguida y con amor los chiles, porque eran un saborizante barato y capaz de transformar por completo una comida. Por eso, la mayoría de sus platos son muy picantes.

4. **Los fermentos de pescado**: mientras la cocina china basa su sabor en los fermentos de soja, la tailandesa lo hace en los de pescado. La sal se usa poco y, en su lugar, se emplea salsa de pescado, Nam Pla, y también toda una serie de fermentos sólidos: Pla Raa, Kapi o pasta de gambas y salsa de intestinos de pescado. Todos estos productos sazonan y dan aroma, pero también aportan un fuerte sabor a mar. Y, sobre todo, son «umami» puro; potencian el sabor de todo lo que tocan.

5. **La cocina de las hierbas**: las hierbas frescas son omnipresentes en cada plato. No solo dentro, sino también como acompañamiento. Se usan en las pastas de curry, se añaden a los guisos o se incorporan en el último momento para generar un sabor diferente. Además, un plato de hierbas y verduras crudas acompaña cada comida; así los comensales sazonan cada bocado a su gusto. Las hierbas más comunes son el jengibre, la galanga, la cúrcuma, la albahaca, el cilantro, la menta, el lemongrass, el perejil chino, las hojas de betel, el shiso y muchas otras desconocidas en Occidente.

6. **Una cocina poco especiada**: en general, la cocina thai es mucho menos especiada que la india. Se emplea pimienta, coriandro y comino para preparar las pastas de curry, pero poco más. En el sur, la influencia árabe e india es más fuerte y, por eso, allí los curries son más aromáticos y el uso de cardamomo, canela, clavo y anís es más habitual. Lo mismo ocurre en el norte con algunos platos de origen birmano.

7. **Una cocina fresca y de procesos breves**: la thai es una cocina que da muchísima importancia a la frescura del producto. Hasta hace muy poco, la refrigeración en los mercados era una utopía, así que todo debía estar lo más fresco posible para aguantar un clima tropical muy caluroso. Asimismo, los cocineros tailandeses son

maestros en procesos de cocción cortos para mantener los sabores muy frescos. Incluso en guisos como los curries, son preferibles los cortes finos que evitan los guisados prolongados. En cambio, las cocinas de Occidente suelen ser de concentración: sellados de carne que mantienen jugos y sabores, cocciones largas que concentran sabores... La thai es todo lo contrario: brevedad para que aromas y sabores sean más puros, intensos, cítricos y herbales.

Cocinas regionales en Tailandia

Cuando un extranjero piensa en la cocina tailandesa, lo hace de un modo simplificador. Cree que todo el país come lo mismo: sopa Tom Yam, ensalada de papaya, rollitos y Pad Thai.

Pues no. En Tailandia existen, por lo menos, cuatro cocinas regionales muy diferentes entre sí. De forma sencilla, se podrían dividir de la siguiente manera:

A. Bangkok y el centro: la cocina clásica thai

Esta región posee los platos más tradicionales y más conocidos en Occidente. La cocina del centro reúne la mayoría de las características que hacen famosa la cocina thai: el equilibrio y la presencia de los cuatro sabores. Los platos suelen ser bastante picantes, más dulzones que en el resto del país, ácidos por los cítricos y el tamarindo y sazonados con salsa de pescado. El arroz jazmín es la base de la comida.

B. Isaan, una cocina campesina

El nordeste de Tailandia se conoce como Isaan, una región rural y pobre bordeada por Laos y Camboya. La isaan es una cocina de campesinos: basada en el arroz, con platos llenos de sabor y acompañamientos muy fuertes y sazonados.

El pilar de la comida es el arroz glutinoso, Khao Niew. A diferencia del resto del país, se come con la mano derecha, haciendo bolas, mojándolo o usándolo a modo de cuchara.

La isaan es una de las cocinas más picantes del mundo, con un empleo generoso de los chiles. Lo mismo puede decirse del ácido, sabor presente en muchos platos. Un ejemplo de esta dualidad ácido-picante son sus ensaladas: la famosa Som Tam de papaya, la Laab de carne picada o la Nam Took de ternera a la brasa.

Es también una cocina de fermentos, sobre todo de pescados y crustáceos. La salsa de pescado es básica, aunque se prefiere el Pla Raa, pescado fermentado con arroz tostado y sal, similar al prahok camboyano.

Los platos se complementan con una variedad increíble de hierbas frescas de huertos y campos, verduras crudas con toques amargos y decenas de aromáticos de origen local. Es también la cocina más omnívora de Tailandia.

C. Lanna, la cocina desconocida de Tailandia

El norte de Tailandia, lejos del mar y encajonado entre Birmania y Laos, es una zona montañosa, con un clima templado y suelos fértiles. Entre sus habitantes hay abundantes minorías de los países vecinos y también tribus como la karen y la hmong. Durante siglos, Chiang Mai fue la capital del reino Lanna, que se mantuvo independiente hasta principios del siglo XX.

La historia y la geografía hacen que la cocina lanna sea muy diferente del estereotipo clásico tailandés. No es tan contrastada como en otras regiones y es menos picante, dulce y ácida. Tiene una gran influencia birmana, pero también de los chinos musulmanes, cosa que se refleja en el uso abundante de especias secas y de cúrcuma.

Los platos, aunque menos picantes que en otras zonas, a menudo logran el ardor gracias al empleo de chiles secos fritos o molidos en lugar de frescos. Es habitual servir, junto a la comida, salsas picantes como la Nam Prik Ong (de chiles rojos secos, tomates y carne picada) o la Nam Prik Noom (de chiles verdes). Hoy en día, la sazón se consigue con salsa de pescado, pero siguen usándose Tua Nao, o sea, discos fermentados de soja.

Uno de los platos más increíbles del norte es el Laab Meuang, una ensalada que solo comparte el nombre con las ensaladas isaan. Se prepara con carne picada de cerdo, intestinos y sangre, aderezada con especias y chiles secos. El sabor es delicioso, poco ácido o dulzón y muy picante.

D. La ardiente cocina del sur

El sur de Tailandia fue durante siglos punto de encuentro entre budismo e islam. Hoy sigue siendo una región distinta al resto del país, con provincias de mayoría musulmana y otras mixtas, con una cultura muy diferente. También la gastronomía tiene su propio carácter, con una cocina budista y una musulmana muy influida por la vecina Malasia.

Si algo define la comida del sur es el ardor de todos sus platos. Si antes decía que la comida isaan pica, la del sur es un volcán; tanto es así que hace parecer «sosa» al resto de la comida de Tailandia.

Por herencia de los comerciantes árabes e indios, en el sur se usan muchas más especias secas que en el resto del país. Existen recetas que son réplicas de otras indias: como el Khao Mok Gai, idéntico al biryani, o el massaman, el único curry thai cocinado con gran cantidad de especias secas.

Los campos del sur están cubiertos de palmerales y el coco es omnipresente o bien en forma de leche para guisar o bien de azúcar para endulzar. La comida tiene un punto ácido, no solo por la lima o las hierbas cítricas, sino por el uso de tamarindo y piña en los platos.

La sazón se hace con salsa de pescado, pero también con Dtai Plaa, una salsa hecha con entrañas de pez con la que se hace un curry muy particular de sabor profundo.

Como en el resto de Tailandia, la base de la mesa es el arroz, jazmín en este caso. No obstante, la influencia musulmana hace que muchos curries se acompañen con panes hojaldrados a la plancha llamados «rotis».

INGREDIENTES

700 ml de caldo de pescado o gambas

8 gambones pelados y desvenados

2 tallos de lemongrass partidos en 3

1 raíz de cilantro machacada ligeramente
(si no la consigues, usa tallos)

8 hojas de lima kaffir

8 rodajas finas de galanga o jengibre

½ cdta. de ajo frito

1-2 guindillas ojo de pájaro partidas en dos

4 setas de cardo partidas en cuatro

5 tomates cherry por la mitad

2 cdtas. de salsa de pescado

½ cdta. de azúcar de palma

2 cdas. de zumo de lima

cilantro fresco picado

1 cda. de Nam Prik Pao (ver pág. 210)

TOM YAM KUM NAM SAI

Sopa ácida y picante de gambones

 2 personas

Esta sopa ácida de gambas es una de las más clásicas de la cocina tailandesa. Resume la complejidad de su gastronomía y es deliciosa. Una buena Tom Yam sabe a marisco, pero también es cítrica, herbal y bastante picante, y mantiene un equilibrio entre todos estos sabores. Es importante que el caldo que se emplee sea bueno, pero no demasiado fuerte, porque, si es muy concentrado, matará la sutileza de los demás ingredientes.

Cuando Kitchen 154 ya llevaba más de un año abierto, decidimos iniciar los «martes diferentes». Eran días en los que cocinábamos recetas distintas a las que por lo general teníamos en carta. Un martes preparamos Tom Yam. Antes ya habíamos pensado incluir este plato, pero no nos convencía la idea porque nos equivocábamos con el tamaño; poníamos un bol grande y creo que tiene que ser una sopa pequeña, porque es tan intensa que puede cansarte pronto. El caso es que ese día Txitxo hizo un caldo tostado de gambones que estaba increíble y, con esa base, preparamos una de las mejores sopas ácidas que he comido en mi vida; con gambones, mejillones y lubina.

Te animo a que la cocines en casa poniendo mucha atención en los cuatro ingredientes básicos: un buen caldo de pescado, gambones frescos, hierbas de calidad y Nam Prik Pao casera.

PREPARACIÓN

1. Pon el caldo a hervir y, cuando lo haga, añade el lemongrass, la raíz de cilantro, las hojas de lima kaffir, la galanga, el ajo frito y las guindillas. Deja cocer 5 min. A mitad de cocción, incorpora las setas y continúa cocinando otros 2 min. Sazona con la salsa de pescado y el azúcar.

2. Incorpora los gambones y los tomates. Deja hervir 1 min o hasta que el marisco esté rosado pero aún jugoso. Rectifica de sazón.

3. En cada uno de los dos boles de servir, agrega el zumo de lima y la Nam Prik Pao. Vierte la sopa encima y mezcla. Al final, rectifica la sazón, añade el cilantro y más lima si fuera necesario; recuerda que el sabor debe ser bastante ácido y picante.

INGREDIENTES

La sopa

1 l de caldo de carne o agua

½ kg de costillas de cerdo troceadas

4 rodajas finas de galanga

2 rodajas finas de jengibre

5 hojas de lima kaffir

2 tallos de lemongrass partidos en dos

2 raíces de cilantro limpias
(o media cucharada de tallos picados)

10 granos de pimienta

½ cdta. de sal

Para terminar

2 cdtas. de salsa de pescado

½ cdta. de azúcar de palma

½-1 cdta. de copos de chile

cilantro fresco picado

lima

sal

2 cebolletas chinas troceadas

10 g de cebolla roja cortada
en juliana muy fina

50 g de setas shimeji

6 tomates cherry partidos por la mitad

TOM SAAP

Sopa ácida de costillas de cerdo

👤 **2 personas**

Mis días en Chiang Mai fueron felices y solitarios, dedicados a estudiar y probar platos del norte. Un día decidí apuntarme a un food tour. Fue divertido e interesante, aunque el guía estaba allí poco más que para animarnos a salir de la zona de confort del arroz frito. Empezamos al atardecer en un mercado de la puerta norte. Tomamos una ensalada de pescado empanado y después ensalada de papaya, un poco de codillo y un postre riquísimo que tenía una pinta poco apetecible. Comenzaba a estar como una boa cuando visitamos otro mercado. Y siguió el banquete. Noodles, cerdo salteado con albahaca, dumplings, otro postre. Cuando ya no podía más y ya nos retirábamos, encontramos un puesto de salchichas fermentadas y, como eran baratas y nos quedaba una micra de intestino libre, nos embuchamos un par de ellas, «por si acaso». Cuando llegué a mi cuarto, tenía la barriga dura como un balón de cuero y me daba náuseas ver comida.

De todo lo que probé esa noche lo que más me gustó fue un plato isaan llamado Tom Saap. Se trata de una sopa de costillas de cerdo similar a la Tom Yam. Se prepara de manera muy sencilla, aunque hay que recordar que tiene que ser muy cítrica y conservar el sabor de las hierbas al máximo.

Te recomiendo que primero cocines las costillas en olla exprés y luego, en el último momento, las termines con los ingredientes frescos.

PREPARACIÓN

1. Cuece las costillas con los ingredientes de la sopa durante hora y media, hasta que estén muy tiernas. Comienza espumando bien todas las impurezas. Si lo haces en olla exprés, cocina 30 min. Abre la olla y añade las cebolletas, la cebolla y las setas. Deja hervir 5 min más.

2. Sazona con la salsa de pescado, el azúcar y los copos de chile. Justo antes de servir, rectifica de sazón y pon los tomates y el cilantro picado. Sirve con un buen chorro de zumo de lima por encima. La sopa debe estar bien sazonada, ser picante y muy ácida.

INGREDIENTES

½ kg de boquerones limpios (dejar en un bol con agua fría 1 h, para que se desangren)

sal

pimienta negra

6 dientes de ajo picados muy finamente

2 cdas. de cúrcuma fresca pelada y picada muy finamente (manipular la cúrcuma mejor con guantes)

aceite

PLA TOD KAMIN

Boquerones fritos con ajo y cúrcuma fresca

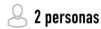 2 personas

Llegué a Songkhla, al sur de Tailandia, sin muchas expectativas. Al principio solo me pareció otro lugar con un calor asfixiante, pero según fueron pasando los días empezó a gustarme mucho. Resulta que más al sur de mi pensión se encontraba la ciudad vieja y en ella, la «calle de la mujer hermosa», una vía de casas antiguas habitadas por gente normal, cuajada de comercios tradicionales, con una parte china y otra musulmana. En unas decenas de metros, se mezclaban mezquitas con tiendas de noodles, templos confucianos con madrasas y gente de diferentes etnias y credos conviviendo en armonía y paz. El lugar me encantó y pasé varias jornadas acodado en el café de una chica llamada Mulán, escribiendo y comiendo todo lo que la calle podía ofrecerme.

El Pla Tod Kamin es uno de los platos clásicos de la comida callejera del sur; se prepara con pescados marinados en ajo y cúrcuma fresca. Está muy bueno y es bastante adictivo. Fue el primer plato que comí en mi calle preferida. Acababa de desembarcar en Songkhla y me derretía de calor, así que, después de encontrar pensión y darme una ducha fría, salí a comer. En un puesto me pedí un plato de pescaíto frito. Las dueñas eran muy amables y me sentaron en un taburete para que comiera a gusto. También me dieron un vaso de Coca-Cola caliente y sin gas, y me pusieron ración doble de ajo frito por encima del pescado.

Si quieres que el pescado quede más crujiente, puedes enharinarlo con maicena o harina de arroz antes de freírlo.

PREPARACIÓN

1. Pon los boquerones en un bol y salpimienta generosamente. Añade el ajo y la cúrcuma, y mezcla bien. Deja reposar 1 h en la nevera.

2. En una sartén, pon abundante aceite, y cuando esté caliente, comienza a freír los boquerones en un par de tandas. Al retirarlos, quita también todos los trozos de ajo y cúrcuma para evitar que se quemen. Si el pescado fuera demasiado grande, corres el riesgo de que tarde más en cocinarse y de que los ajos se quemen. En ese caso, añádelos a mitad de fritura.

3. Sírvelo con arroz, una lima y los ajos y la cúrcuma por encima.

CÓMO PREPARAR
UN CURRY BÁSICO

A diferencia de los indios, en los curries tailandeses se usan más productos frescos y aromáticos, que deben cocinarse solo unos minutos para que conserven todo su sabor y olor. Casi todos los que llevan leche de coco se preparan siguiendo los mismos pasos. Solo se les debe prestar atención a los tiempos de cocción de los diferentes alimentos.

Estos son mis consejos para hacer un curry tailandés:

1. Las pastas de curry están crudas, así que lo primero es cocinarlas. Lo mejor es hacerlo en aceite vegetal, durante unos 10 min, con cuidado de que no se queme. Si comienza a agarrarse, añade algo de agua o de leche de coco. Cocínala hasta que el color se oscurezca, deje de oler a crudo y el aceite haya subido a la superficie; esas son las señales de que está bien cocinada. También puedes hervirla en líquido durante unos 10 min.

2. Una vez que la pasta está cocinada, incorpora el ingrediente principal y saltéalo todo ligeramente mezclándolo bien.

3. Moja con leche de coco y caldo, y lleva a ebullición. Añade lemongrass y hojas de lima kaffir, y algún vegetal duro, si lo lleva. El tiempo de cocción dependerá de lo que necesite el ingrediente principal.

4. Sazona con salsa de pescado y azúcar de palma. Deja que el curry se infusione ligeramente.

5. Justo antes de apagar el fuego, incorpora las hierbas aromáticas (albahaca thai y cilantro) y un chorro de zumo de lima.

CÓMO PREPARAR PASTA DE CURRY CASERA

Las pastas de curry son un ingrediente básico de la cocina tailandesa. Se preparan moliendo hierbas frescas, aromáticas y especias hasta formar una pasta húmeda. Hacerla en casa es sencillo, aunque al principio pueda dar miedo por el tiempo y los ingredientes extraños. El resultado merece la pena (ver págs. 198-201).

Estos son mis consejos:

1. **Usa batidora.** Para los puristas, un mortero de piedra es indispensable, pero, en mi opinión, lo que mejor funciona es una batidora. Logras una pasta con una textura casi perfecta, fina y seca. En los procesadores, a no ser que hagas cantidades grandes, los ingredientes tienden a irse hacia las paredes y resulta difícil triturarlos.

2. **Corta los ingredientes en trozos pequeños.** Si no, la pasta queda llena de hebras desagradables. Cuanto más leñoso sea el ingrediente, más importante es hacerlo. Sobre todo, el lemongrass, la galanga y el jengibre.

3. **Primero, pequeñas cantidades.** Es fundamental comenzar por una receta modesta, probarla y guardar lo que haya sobrado. Cuando estés seguro, entonces es hora de lanzarse a hacer grandes cantidades.

4. **Los chiles secos, al molinillo.** La mayoría de los libros de cocina proponen sumergir los chiles secos en agua caliente antes de triturarlos, pero es mejor molerlos en un molinillo de especias; así conseguirás un polvo más fino.

5. **Ajusta el picante de la pasta.** No te conformes con la cantidad de guindillas que indique la receta: reduce o aumenta a tu gusto. Si quieres bajar el picante, retira las semillas y venas del interior.

6. **Tuesta en seco las especias secas antes de molerlas.** Hazlo a fuego muy suave, hasta que desprendan su olor y, tras enfriarse, muélelas; así lograrás un aroma más profundo.

7. **Sigue este orden.** Con batidora, pon todos los ingredientes excepto las especias, la sal y la pasta de gambas, y tritura antes de añadirlas. En mortero, empieza con los ingredientes más duros, luego sigue con las cebollas, los ajos y las raíces de cilantro, y, por último, las especias molidas, la sal y la pasta de gambas. Mézclalo hasta obtener una pasta fina y no añadas líquido.

INGREDIENTES

300 g de pechuga de pollo cortado
en láminas finas

100 g de batata pelada y troceada en dados

4 berenjenas verdes tailandesas partidas
en dos (o berenjena europea troceada)

2 cdas. de pasta de curry verde
(ver pág. 198)

150 ml de leche de coco mezclados
con 400 ml de caldo de pollo o agua

2 tallos de lemongrass partidos en dos

8 hojas de lima kaffir

2 cdtas. de salsa de pescado

1 y ½ cdtas. de azúcar de palma

albahaca tailandesa

cilantro fresco picado

lima

chile rojo en juliana

2 cdas. de aceite

GAENG KHIAW WAAN KAI

Curry verde de pollo, batata y berenjena verde

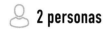 2 personas

En Bangkok me alojé muy cerca de Chinatown. Es un barrio que me encanta, porque, a pesar de ser turístico, está lleno de comercios y restaurantes fascinantes. Dio la casualidad de que en una de esas callejas descubrí un pequeño café que llevaba abierto más de ochenta años. Cada mañana empezaba allí mi jornada tomando un café con hielo y poniendo en orden mis ideas. También observaba a los parroquianos «milenarios» que a diario se reunían a jugar a la lotería y enzarzarse en mil discusiones. Al lado del local había un pequeño puesto callejero de arroz y curry regentado por una madre y su hijo. Gente amable. Todos los curries que servían estaban deliciosos, pero el verde de pollo era de otro mundo. Muy picante, dulzón y ácido, lleno de pedazos de ave tiernos, trozos de sangre, berenjenas y brotes de bambú.

El curry verde es el más famoso entre los tailandeses. La pasta se prepara con chiles verdes frescos que le aportan color y ardor. Puedes hacerlo con cualquier ingrediente principal (no solo proteína), aunque el pollo es perfecto. Recuerda que, a diferencia de los curries indios, los tailandeses se cocinan en menos de 10 min; por eso son mucho más líquidos, frescos y vibrantes. Si quieres un plato vegano, solo tienes que sustituir el pollo por tofu duro.

PREPARACIÓN

1. Coloca la batata en el horno con sal, pimienta y un poco de aceite. Hornea a 180 °C unos 20 min, hasta que esté tierna y dorada. Retira.

2. Pon en una cazuela el aceite. Cuando esté caliente, fríe la pasta de curry verde. Estará lista cuando el aceite comience a separarse y subir a la superficie. En el caso de que quedase muy seco, añade un par de cucharadas de agua.

3. Incorpora el pollo, el lemongrass y la lima kaffir. Mezcla bien. Moja con la leche de coco y el caldo, y sazona con la salsa de pescado y el azúcar. Deja hervir suavemente unos 5 min. A mitad de cocción, añade la batata y la berenjena. Mezcla procurando que no se rompan.

4. Rectifica de sazón y, en el último momento, incorpora la albahaca y el cilantro. Apaga el fuego y pon un chorro de lima. Sirve y decora con el chile.

INGREDIENTES

350 g de contramuslos de pollo limpios
y troceados

3-4 cdas. de pasta de Khao Soi

1-2 cdtas. de salsa de pescado

1 cdta. de azúcar moreno

100 ml de leche de coco mezclados
con 350 ml de agua o caldo

1 cda. de crema de coco

2 cdas. de aceite vegetal

320 g de noodles frescos de huevo
cocidos al dente

salsa de soja clara

1 cebolleta china picada

cilantro picado

80 g de verduras encurtidas chinas

½ cebolla roja en juliana fina (en agua fría ½ h)

aceite de guindillas

lima

KHAO SOI GAI

Curry de pollo de Chiang Mai sobre noodles de huevo

 2 personas

El khao soi es el plato más famoso de la ciudad de Chiang Mai. En realidad, la receta la crearon emigrantes chinos, birmanos y malayos que se asentaron allí en sucesivas migraciones. Los chinos introdujeron los noodles y las verduras encurtidas; los birmanos, las especias secas y su manera de cocinar los curries, y los malayos añadieron su toque tropical, que le da al plato un cierto parecido con la laksa.

Estuve más de una semana en Chiang Mai persiguiendo el khao soi perfecto, hasta que lo encontré cerca de la mezquita de Ban Haw. Era especiado y ligeramente picante, lleno de sabor y no resultaba en absoluto pesado. Tras comer cien distintos, el siguiente paso fue buscar quien me enseñara a cocinarlo. Aunque existen decenas de escuelas de cocina, la mayoría solo programan platos para turistas y es una pena, porque la cocina norteña es deliciosa y diferente. Por suerte me topé con Basil, un lugar donde me permitieron saltarme los programas y cocinar platos heterodoxos en los que estaba interesado.

Ten en cuenta que los acompañamientos del khao soi son básicos porque permiten redondear el plato y darle fuerza. Son gajos de lima, verduras encurtidas, lágrimas de cebolla roja y aceite de guindilla. Sin ellos, el curry estaría huérfano.

PREPARACIÓN

1. Salpimienta el pollo. En una cazuela de fondo grueso, calienta el aceite y sofríe la pasta de khao soi a fuego suave durante unos 10 min. Deja que el color se oscurezca y el aceite comience a separarse de la pasta. Si queda seco, añade alguna cucharada de agua. Incorpora el pollo y sofríe 5 min, permitiendo que el pollo se cubra bien con las especias y se dore ligeramente.

2. Sazona con la salsa de pescado y el azúcar, y moja con la leche de coco y el caldo. Deja hervir, destapado, unos 30 min. Agrega algo de agua si quedara demasiado seco. Rectifica de sazón.

3. Divide los noodles en dos boles y sazona con algo de salsa de soja. Pon un cucharón de curry de pollo en cada bol. Decora con cebolleta y cilantro picado.

4. Sirve acompañado de gajos de lima, cebolla, verduras encurtidas y aceite de guindillas.

INGREDIENTES

1 kg de morcillo de ternera troceado

200 g de patata pelada y cortada en dados

200 ml de leche de coco mezclados
con 600 ml de caldo de pollo o ternera

3 cdas. de pasta de curry massaman

5 vainas de cardamomo

2 hojas de laurel

2 clavos de olor

1 rama pequeña de canela

1 y ½ cdas. de cacahuetes tostados sin sal

1 cda. de salsa de pescado

1 y ½ cdtas. de azúcar de palma

2 cdas. de agua de tamarindo (ver pág. 213)

sal

1 y ½ cdas. de aceite

GAENG MASSAMAN NEUA

Curry «musulmán» de morcillo de ternera con patatas y cacahuetes

 2 personas

El curry massaman («musulmán») es uno de los más populares de la cocina tailandesa. También es muy apreciado entre los extranjeros, quizá porque es el menos «thai» de la cocina tailandesa y el más parecido a los que se preparan en la India. Poco picante, esta mezcla de especias secas es cremosa y dulzona. Por lo general se prepara con ternera y se come con «rotis», deliciosas tortas de pan ácimo, en lugar de arroz.

En Bangkok hay un restaurante llamado Roti Mataba, una minúscula casa de comidas que sirve curries musulmanes acompañados por panes llenos de ghee. En 1943, Karim, un comerciante del sur de la India, llegó al barrio buscando la paz que no encontraba en la convulsa India de la segunda guerra mundial. Karim comenzó cocinando curries y panes, y fue tal su éxito que, más de setenta años después, sus herederos continúan en el mismo pequeño local del barrio de Banglamphu. Su curry verde de pollo está delicioso y el martabak es glorioso, pero el massaman de morcillo es uno de los mejores que he comido en años, especiado, tierno y tan dulce que no sabes si estás comiendo un brownie o un curry.

PREPARACIÓN

1. En una cazuela, pon el aceite y templa las especias 30 s a fuego suave. Añade la pasta de curry y fríe hasta que comience a separarse el aceite. Si quedara seco, agrega algo de agua.

2. Incorpora el morcillo y los cacahuetes, y mezcla bien, haciendo que queden cubiertos por las especias. Moja con la leche de coco y el caldo, y deja hervir unas 2-3 h, hasta que el morcillo esté muy tierno. Ve incorporando más líquido si quedara seco. Sazona con la salsa de pescado, el azúcar y el agua de tamarindo.

3. 20 min antes de terminar la cocción, añade las patatas y deja hervir hasta que estén tiernas. Rectifica de sazón.

4. Antes de terminar, retirar la grasa de la salsa. Sirve con arroz hervido o pan a la plancha. También lo acompaña muy bien algún encurtido picante y ácido.

INGREDIENTES

250 g de carne de ternera picada
2 ajos fileteados
1 chalota cortada en juliana muy fina
3 cebolletas chinas troceadas
2 chiles rojos ojo de pájaro en rodajas
2 cdas. de aceite
un buen manojo de albahaca thai

La salsa

½ cda. de salsa de pescado
½ cda. de salsa de soja oscura
1 cda. de salsa de ostras
1 cdta. de azúcar de palma
3 cdas. de caldo o agua

PHAT BAI KRAPOW NEUA SAP KAI DAO

Ternera salteada con chiles y albahaca «sagrada»

 2 personas

Durante casi dos semanas acudí cada mañana a unos cursos de cocina en un lugar llamado UFM, en el centro de Bangkok. Antes de las clases, procuraba no comer nada porque sabía que durante el día tendría que probar de todo hasta que me sintiera como un pavo. Desde el metro debía andar unos 15 minutos hasta la escuela, y ese paseo agradable era una pequeña tortura. La acera estaba plagada de puestos de comida y de gente desayunando. Caminaba lento, salivando, diciéndome a mí mismo: «Sé fuerte y aguanta». Pero no, ni fuerte ni nada. La mayoría de los días pecaba y me zampaba alguna cosa grasienta y rica. Y, muy a menudo, esta receta era mi primera opción.

Se trata de un salteado sencillo y picante que te deja lleno y contento. Está delicioso acompañado con un huevo frito «a caballo» y mucho arroz hervido. El ingrediente básico es la albahaca thai, muy diferente a la nuestra. Su sabor es anisado y con un punto a regaliz, y es capaz de proporcionarle a cualquier plato un sabor único y distintivo. Si no la encuentras, sustitúyela por albahaca europea.

PREPARACIÓN

1. Mezcla los ingredientes de la salsa diluyendo bien el azúcar. Reserva.

2. En un wok, pon el aceite y saltea a fuego suave los ajos, las chalotas y los chiles. Sube el fuego y añade la carne picada y las cebolletas. Sofríe hasta que la carne pierda el color rosado. Moja con la salsa y deja hervir un par de minutos a fuego alegre. Si quedara seco, agrega algo de líquido. Es importante que la carne quede húmeda y jugosa, con algo de salsa. Prueba y sazona más si fuera necesario.

3. Al final, incorpora la albahaca y apaga el fuego. Mezcla bien.

4. Sirve con un huevo frito al lado, arroz jazmín hervido y un cuenco de Prik Nam Pla (ver pág. 209).

INGREDIENTES

1 kg de aguja de cerdo cortada
en trozos pequeños

1 porción de pasta de curry Hanglay
(ver pág. 200)

2 cabezas de ajos encurtidos tailandeses
partidas por la mitad y con los ajos pelados

200 g de cebolla roja cortada
en dados gruesos

30 g de jengibre cortado en juliana fina

1 cda. de cacahuetes tostados

150 g de piña pelada y troceada

2 cdas. de aceite

1 cdta. de sal

1 cda. de salsa de pescado

2 cdtas. de salsa de soja oscura

1 cda. + 1 cdta. de azúcar de palma

3 cdas. de agua de tamarindo (ver pág. 213)

1 cda. de líquido del encurtido de ajos

GAENG HANGLAY MOO

Curry «birmano» de cerdo, piña y ajos encurtidos

 2-4 personas

El Hanglay es uno de los platos más «birmanos» de la cocina de Chiang Mai. Es un curry suave con muchas especias, que le dan su sabor característico: dulzón por el azúcar de palma, ácido por el tamarindo y los ajos encurtidos, y con un toque final de jengibre y piña fresca.

Chiang Mai está lleno de turistas y de actividades orientadas a ellos. Como no me interesan las mujeres con cuello de jirafa ni las happy hour, me dediqué a buscar comida local. Siguiendo el consejo de unos amigos, encontré una casa de comidas frente a la puerta de Tha Phae, un comedor de los de toda la vida, regentado por dos hermanas poco amables y con una carta de solo siete platos caseros cocinados con maestría. Durante días me pasé por allí varias veces, hasta que hube probado y repetido toda la carta: ensalada de entrañas con sangre de cerdo, salchichas con arroz glutinoso y un delicioso Hanglay. Soberbio; trozos de cerdo en una salsa espesa con su punto justo de picante, acidez y dulzor. Por cierto, aprendí también un proverbio tailandés que se usa cuando has comido mucho picante: phet jon huu eu, o sea «está tan picante que me zumban los oídos». Me fue de mucha utilidad durante el viaje.

PREPARACIÓN

1. Pon el aceite en una sartén y sofríe la pasta de curry durante 10 min, hasta que deje de oler a crudo y el aceite suba a la superficie. Añade el cerdo y sigue friendo 5 min más. Agrega algo de agua si quedase seco.

2. Incorpora la cebolla roja, los ajos, el jengibre y los cacahuetes. Mezcla bien. Refríe otros 5 min.

3. Moja con agua suficiente para cubrir la carne. Deja hervir a fuego lento unas 2 h, hasta que el cerdo esté muy tierno. Ve mojando con más agua según lo necesite. A mitad de cocción, sazona con sal, salsa de pescado, soja oscura, azúcar y tamarindo. Desgrasa si tuviera mucho aceite en la superficie.

4. Cuando el plato esté casi terminado, agrega la piña y deja que se cocine unos 7 min más. Al final, rectifica la sazón y el punto ácido con el líquido del encurtido de ajos. Al servir, añade más tiras de jengibre y cebolla frita. Cómelo con arroz hervido y algún encurtido bien ácido.

INGREDIENTES

2 lomos de bacalao de unos 200 g cada uno
sin espinas (u otro pescado blanco
de carne firme)

sal

pimienta negra

1-2 cdas. colmadas de pasta de curry ácido
(ver pág. 200)

400 ml de caldo ligero de pescado

150 g de piña poco madura troceada

1 cdta. de salsa de pescado

½ cdta. de azúcar moreno o de palma

lima

cilantro fresco picado

GAENG SOM PLA

Curry ácido de bacalao y piña

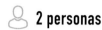

👤 2 personas

Este es el curry más picante que he comido jamás. Fue en la ciudad de Trang. Había estado paseando por un mercado toda la tarde, probando cosas de puesto en puesto. Cuando ya estaba lleno, decidí irme al hotel con la mala suerte de que me topé con un restaurante que tenía un wok con muy buena pinta, de cara a la calle. Primero me quedé pasmado mirando un buen rato y al poco empecé a salivar y pensé: «Voy a entrar a probar algo, un platito nada más». Así que pedí Gaeng Som. El camarero llegó con un plato de curry de color rojo fuego; nunca he comido nada que picara tanto. Me ardían la lengua, el esófago y las entrañas. Por vergüenza torera y porque el cocinero y el camarero me miraban con ojos maliciosos, decidí seguir adelante y me lo zampé todo. Salí de allí mareado, viendo borroso y con ganas de meter la cabeza en un barreño gigante de yogur frío. No os contaré cómo fue el día siguiente.

Gaeng Som significa literalmente «curry ácido» y es una especialidad del sur de Tailandia. Este plato tiene muy poco que ver con los curries con leche de coco tan famosos en Occidente. Se prepara con agua y es muy picante, ácido y líquido. Por lo general, se cocina con pescado blanco o marisco y frutas como la papaya, la piña o el tronco de banano.

PREPARACIÓN

1. Salpimienta el pescado.

2. Pon unos 100 ml de caldo al fuego. Cuando rompa a hervir, añade la pasta de curry, mezcla y deja cocer unos 10 min. Moja con el resto del caldo y deja otros 3 min.

3. Incorpora la piña y deja que se cocine unos 4 min. Transcurrido ese tiempo, sazona con la salsa de pescado y el azúcar, y agrega el pescado. Deja hervir suavemente un par de minutos, hasta que la carne esté opaca pero no seca. Pon un chorro de zumo de lima y rectifica la sazón si fuera necesario. Recuerda que este curry debe estar bien sazonado, picar bastante y ser ácido y ligeramente dulce.

4. Decora con el cilantro y sirve con mucho arroz hervido, un plato con verduras crudas —col, judías verdes, hierbas aromáticas— y un extintor cerca.

INGREDIENTES

1 caballa de unos 300 g limpia y desangrada
(sumergir en agua fría 1 hora)

sal

pimienta

harina de arroz

La salsa

2 cdas. de aceite

2 ajos picados muy finos

30 g de cebolla roja cortados en dados finos

4 chiles ojo de pájaro cortados en aros finos

1 chile rojo grande, sin pepitas ni venas,
cortado en dados finos

3 raíces de cilantro limpias y troceadas,
o 10 g de ramas de cilantro picadas

½ cda. de salsa de pescado

1 cdta. de azúcar blanco

20 g de vinagre de arroz mezclados
con 50 g de agua

3 cdas. de agua

PLA RAD PRIK PAO

Caballa crujiente con salsa de chile y tamarindo

 2 personas

Mientras estaba alojado en un barrio de Bangkok llamado Sutisan, me sorprendió el año nuevo tailandés: el Songkhram. Llevaba tiempo en la zona y me había hecho amigo de Ben, un abuelo que regentaba un café cochambroso. Cada mañana me sentaba en su local a tomar «café yen» y a ver cómo sus amigos, un grupo de jubiletas simpáticos y ociosos, jugaban al ajedrez. La tradición del Songkhram es tirarse cubos de agua, sin más; a todo el mundo, en la calle, conocidos o no. Así durante tres largos días en que la gente se atrinchera en la puerta de su casa, pertrechada con cubos, baldes y pistolas de agua. Es una guerra divertida e inofensiva; yo lidié la mía en la puerta del café de Ben.

Una tarde, Ben me llevó a beber whisky a un «club» cercano. Las chicas eran un cielo y entre barreñazo y barreñazo de agua trasegamos media docena de vasos de Lao Khao barato y acre. Luego, borrachos y felices, nos fuimos al mercado del barrio y nos dimos un festín. Entre los vapores etílicos de aquella feliz tarde, una de las cosas que más recuerdo es este pescado delicioso que hacía que la lengua me ardiese.

Esta receta callejera ejemplifica muy bien lo que es la cocina tailandesa: sabores muy potentes combinados de manera armoniosa. Cubrir un pescado frito con una salsa que combina el ácido, dulce, salado y picante es genial y adictivo.

PREPARACIÓN

1. En una sartén, calienta el aceite y dora los ajos, las cebollas y los chiles unos 10 min a fuego suave. Incorpora el cilantro y continúa hasta que el conjunto esté muy tierno. Retira el exceso de aceite.

2. Incorpora el azúcar y mezcla bien. Moja con la salsa de pescado y el agua con vinagre. Deja cocer despacio hasta que haya espesado y reducido unos 5-10 min. Reserva.

3. Haz 3 cortes en los lomos del pescado, salpimienta y enharina. Fríe en abundante aceite caliente hasta que esté crujiente pero aún jugoso. Escurre sobre papel de cocina.

4. Sirve la salsa encima de la caballa. Come con arroz jazmín hervido. Aviso a navegantes: ¡pica!

INGREDIENTES

16 gambones pelados y desvenados

10 espárragos trigueros finos, limpios
y cortado en 4

2-3 cdas. de pasta de curry rojo

150 ml de leche de coco mezclados con
300 ml de caldo de pescado o gambones

10 hojas de lima kaffir

3 tallos de lemongrass partidos en dos

2 cdas. de salsa de pescado

2-3 cdtas. de azúcar de caña o de palma

8 tomates cherry limpios y partidos
por la mitad

sal

pimienta negra molida

albahaca thai

cilantro fresco picado

lima

chile rojo fresco cortado en rodajas finas

crema de coco

1 y ½ cda. de aceite

GAENG PHET KUM

Curry rojo de gambones y espárragos

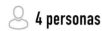 4 personas

Los puestos de khao gaeng —o «arroz y curry»— son muy populares en las calles de Tailandia. Los curries, cocinados de madrugada, se colocan en cazuelas de aluminio sobre una gran mesa. La gente solo tiene que elegir entre las muchas opciones y decidir si quiere un solo curry sobre arroz o si prefiere el arroz aparte con varios platos de curry pequeños. Para un extranjero que no conoce el idioma, estos puestos son un lugar fantástico para comer cosas distintas, baratas y ricas.

Para mí, esta receta es una de las mejores del libro y además es muy sencilla. Ten presente que debes cocinar muy poco para que el marisco quede jugoso y los espárragos, crujientes, y que es importante mantener el equilibrio de sabores. Una vez que controles el plato, puedes subir la cantidad de pasta de curry y hacerlo más picante y cremoso, a tu gusto.

Al poco de abrir Kitchen 154, decidimos incluir este plato en la carta. Creo, siendo sincero, que logramos uno de los mejores curries de Madrid: profundo, muy picante y, sobre todo, tremendamente adictivo. Hoy, casi tres años después de que comenzáramos a cocinarlo, nadie ha conseguido jubilarlo. ¡Larga vida al curry rojo de gambones!

PREPARACIÓN

1. Salpimienta los gambones. En una cazuela, calienta el aceite y sofríe a fuego suave la pasta de curry, hasta que la pasta cambie de olor y color, y el aceite se haya separado de la pasta. Si quedara seco, añade alguna cucharada de agua.

2. Incorpora las hojas de lima y el lemongrass, mezcla y moja con la leche de coco y el caldo. Deja cocer suavemente unos 5 min hasta que vaya espesando. A mitad de cocción, sazona con la salsa de pescado y el azúcar. Prueba y rectifica la sazón si fuera necesario. Agrega más caldo si quedara seco.

3. Añade los espárragos y deja un par de minutos, dependiendo de lo finos que sean y lo crujientes que te gusten. Incorpora los gambones y los tomates, y deja hervir otros 2 min. Al apagar el fuego, incorpora las hojas de albahaca, el cilantro y un buen chorro de zumo de lima.

4. Sirve con rodajas de chile fresco y un poco de crema de coco. Se come con arroz jazmín hervido.

INGREDIENTES

50 g de noodles planos de arroz medianos

4 cdas. de salsa de Pad Thai (ver pág. 207)

1 cda. de aceite vegetal

4 gambas peladas y desvenadas

2 cdtas. de cebolla roja picada

½ cdta. de ajo picado (menos de 1 ajo)

1 cdta. de nabo encurtido

30 g de tofu duro o ahumado,
escurrido y bien seco

1 cdta. de camarones secos (opcional)

1 huevo

¼ de cdta. de copos de chile

25 g de brotes de soja

10 g de cebollino chino cortado
en trozos de unos 5 cm

½ cda. de cacahuetes tostados y picados

¼ de lima

chiles en vinagre

PAD THAI

Noodles de arroz salteados con gambas

 1 persona

Para los turistas, el Pad Thai es la esencia de la cocina tailandesa, aunque allí no es ni mucho menos el plato de noodles más popular, sino una invención nacida de un concurso. Corrían los años cuarenta cuando el mariscal Pibulsongkram lanzó el eslogan «Disfruta la comida thai, emplea productos thai». La idea era aumentar el consumo de ingredientes nacionales y rebajar el de arroz, en cuya producción el país era deficitario. Al eslogan le siguió un concurso que premiaba al inventor de un plato de noodles nacional. La receta ganadora, que unía los noodles con productos autóctonos como el tamarindo, los chiles y la salsa de pescado, recibió el nombre de Pad Thai: «salteado tailandés». Esa es la historia.

En el presente, este plato hace furor entre los turistas, de tal manera que el resto de la cocina thai parece que no exista. Imagino que ese amor viene por el hecho de que se trata de una receta cómoda, dulzona, que solo te exige salir de tu zona de confort un par de centímetros.

El secreto del plato es saltearlo en pequeñas cantidades, 1 o 2 raciones, y preparar una salsa sabrosa y equilibrada. La otra recomendación es sofreír bien los noodles antes de añadir la salsa; así quedarán sueltos, sabrosos y algo húmedos.

PREPARACIÓN

1. Bate el huevo y haz una tortilla con él. Déjala enfriar y trocéala en dados menudos. Cocina los noodles en un cazo con agua hirviendo hasta que queden al dente.

2. Trocea el tofu en dados y fríelo en aceite bien caliente hasta que esté dorado. Escurre y reserva. En un wok, fríe las gambas y reserva.

3. Baja el fuego del wok y añade una cucharada de aceite. Sofríe el ajo y la cebolla. Cuando comiencen a dorarse, agrega el nabo, el tofu y los camarones secos. Deja 1 min, incorpora los noodles y la tortilla, y sube el fuego. Saltea separando bien.

4. Añade la salsa y lígalo todo bien. Devuelve las gambas al wok junto con los copos de chile, los brotes de soja, el cebollino y los cacahuetes. Sigue salteando unos segundos más, hasta que el cebollino comience a cambiar de color pero continúe crujiente.

5. Sirve caliente con más cacahuetes, chile en copos, lima y chiles en vinagre.

INGREDIENTES

50 g de noodles de celofán

3 gambones grandes sin pelar

2 cdas. de aceite vegetal

2 lonchas de beicon partidas en 4 trozos

2 cebolletas chinas troceadas

⅓ de cebolla roja pequeña cortada
en juliana fina

10 rodajas pequeñas y finas de jengibre

1 ajo troceado

2 raíces de cilantro limpias y troceadas

10 granos de pimienta

una pizca de sal

cilantro fresco picado

pimienta negra

chiles rojos frescos en láminas, al gusto

½ cda. de aceite

La salsa

1 cda. de salsa de ostras

1 cdta. de salsa de soja clara

1 cdta. de azúcar

70 ml de agua

KUM OB WUN SEN

Olla de noodles de celofán con gambones

 1 persona

Esta receta combina ingredientes y técnicas chinos y tailandeses. En Bangkok existe un puesto especializado en este plato llamado Somsak. El cocinero es una de esas personas enamoradas de su trabajo, que trata cada plato que sale de sus fogones como si fuera un hijo; tanto es así que lo han mencionado en la Guía Michelin. El puesto está siempre abarrotado, pero en lugar de tener siete cocineros y dos docenas de fuegos, es él quien cocina cada cazuela para tener el control total sobre sus noodles y su marisco. Es muy inspirador verlo trabajar. Solo tiene dos variedades de noodles: con gambones o con cangrejo. Una tarde fui hasta el barrio de Khlong San para verlo y aprendí amor y paciencia por el trabajo. Un maestro.

Su plato es mágico, pero os aseguro que con un poco de práctica se puede replicar en casa. El secreto está en lograr que ni los noodles ni los gambones se pasen; que los primeros lleguen aún gomosos y los segundos, muy jugosos. También es importante sazonar bien los fideos, pero ser sutil para que el sabor del marisco lo impregne todo.

PREPARACIÓN

1. Sumerge la olla de barro en agua caliente durante 10 min. Retira y seca. Hidrata los noodles en agua templada durante 20 min. Escurre bien y parte en 3 trozos.

2. Calienta la salsa hasta que el azúcar se disuelva.

3. En un mortero, haz un majado grueso con el ajo, las raíces de cilantro, los granos de pimienta y un poco de sal.

4. Pon el beicon en el fondo de la olla y añade el aceite. Coloca encima ¾ partes de la cebolleta, la cebolla roja, el jengibre y el majado de ajo y pimienta. Pon los 3 gambones encima, a fuego medio-suave, tapa y deja que se cocine 5 min.

5. Destapa y retira los gambones. Reserva.

6. Baña los noodles con la salsa. Colócalos en la olla, tapa de nuevo y deja que se cocine otros 5 min. Cuando solo quede 1 min, vuelve a poner los gambones y algo de cebolleta picada encima, y tapa hasta que se cumpla el tiempo.

7. Destapa y comprueba que los noodles estén tiernos. Pon algo más de pimienta molida, cilantro fresco y rodajas de chile encima. Mezcla y sirve con alguna salsa de chile y una lima al lado.

LOS 4 ADEREZOS

¡Atención, lector! Esto es lo más importante que vas a encontrar en este libro: los cocineros asiáticos no tienen la última palabra sobre la sazón de los platos.

Así es.

En Occidente son los chefs los que deciden lo que está bien o mal sazonado, lo cual es un poco absurdo. ¿Quién sabe cómo me gusta a mí el punto de la comida? Por eso en Asia, donde son muy sabios, los platos llegan a la mesa un poco escasos de sazón. Se espera que cada comensal termine de aderezarlo a su gusto, añadiendo alguno de los condimentos que siempre hay en la mesa. Lo más habitual es que sean estos cuatro, colocados en un pequeño contenedor o kreung brung:

- **Nam Taan**: azúcar
- **Prik Pon**: chile en polvo
- **Nam Som Prik**: chiles en vinagre
- **Nam Plaa**: salsa de pescado

A veces, también se encuentran cacahuetes molidos, Prik Nam Pla (salsa de pescado con chiles troceados) o Nam Prik Pao (mermelada de chile tostado).

Así pues, querido lector, si te sirven un bol de sopa sosa, no pienses que es un error del chef; alíñatela a tu gusto y no corras a lamentarte en las redes sociales...

COCER ARROZ GLUTINOSO

Muy habitual en Laos, Camboya y la región Isaan de Tailandia, es un arroz de grano corto, con mayor concentración de almidón que otras variedades —al cocerse los granos quedan enteros, pero pegados entre sí— e idóneo para mojar en salsas haciendo una bola con él. Tradicionalmente se sirve en cestas de mimbre llamadas *katib*, que ayudan a que el arroz esté caliente y, a la vez, no se seque.

Aunque se cocina de una forma distinta, su preparación es muy sencilla.

Ingredientes
500 g de arroz glutinoso
agua
sal

PREPARACIÓN

1. Cubre el arroz con agua y déjalo en remojo toda la noche (mínimo 4 h).

2. Escurre bien el arroz, sálalo y colócalo bien extendido en una vaporera.

3. Pon una cazuela con agua a hervir. Sitúa encima la vaporera sin que toque el agua. Tapa y pon un paño limpio por encima. Deja que hierva suavemente unos 15-20 min. Revisa que el arroz esté cocinado y, si no es así, déjalo otros 5 min.

4. Sírvelo con curries o ensaladas picantes. Ah, y se come con la mano.

EL INCREÍBLE MUNDO DE LAS «NO-ENSALADAS» TAILANDESAS

En nuestra gastronomía, las ensaladas son el plato más «blando» de la comida. Sin embargo, en Tailandia son el más fuerte y contrastado de la mesa: ácidas, picantes y muy sazonadas. Entre sus componentes se incluyen un buen número de hierbas aromáticas y verduras, aunque el ingrediente principal puede ser cualquier cosa: desde filetes a huevos fritos, atún en lata o pato asado.

Cuando comes por primera vez una ensalada tailandesa, sabes que no hay vuelta atrás. Son adictivas y, a menudo, pican a rabiar. Te hacen sudar, maldecir y llenarte la boca con arroz glutinoso y mucha cerveza helada para frenar el ardor y dejar de moquear. Una maravilla.

Existen tres tipos de ensaladas:

- **Yum**, que significa «mezclar» y se refiere a un tipo de ensaladas típicas del centro de Tailandia. Suelen tener los cuatro sabores básicos muy definidos con salsa de pescado, azúcar de palma, chiles y lima. Llevan cilantro y menta, diferentes verduras y un ingrediente principal. Se comen con arroz jazmín.

- **Tam**, que se refiere al proceso de mezclar y machacar ingredientes en un mortero alto de loza o madera. Son de origen isaan. Los ingredientes van aplastándose superficialmente con una mano de madera y mezclándose con una cuchara larga de metal. La ensalada más famosa es la Som Tam, de papaya, pero existen muchas otras variedades. Se comen con arroz glutinoso.

- **Laab**, que quiere decir «cortar» o «picar». Se trata de un tipo de ensaladas con carne picada. Se comen con arroz glutinoso y un plato de hierbas aromáticas y verduras crudas. Existen dos variedades que comparten nombre, pero que son diferentes por completo:

- **Laab Isaan**, muy ácida y picante, y se termina con polvo tostado de arroz. Una de las más conocidas es la Laab Moo, de carne de cerdo.

- **Laab Meuang**, del norte de Tailandia, es mucho menos ácida y se prepara con una pasta muy aromática de especias y chiles secos. Existen también dos versiones de ella: Laab khom o «amarga», con carne cruda y trozos de intestino, y Laab Khua, con la carne cocinada.

INGREDIENTES

200 g de papaya verde cortada
en juliana muy fina

1 ajo pequeño

2 chiles ojo de pájaro

1 cda. de gambitas secas

1 y ½ cdas. de cacahuetes tostados

4 tomates cherry cortados en 4

6 judías verdes redondas

sal

La salsa

2 cdas. de zumo de lima

2 cdtas. de salsa de pescado

2 cdas. de azúcar de palma o caña

1 cda. de agua de tamarindo (ver pág. 213)

SOM TAM TAI

Ensalada de papaya verde con gambas secas

 2 personas

Esta ensalada es un plato icónico de la cocina tailandesa. Procede de Isaan, una región rural del noreste del país, famosa por los sabores picantes y extremos de sus platos. Hoy es fácil conseguir papaya verde, pero, si no la encuentras, te recomiendo que la sustituyas por mango verde o, si no, zanahoria, que tiene una textura similar. En su preparación se emplea un mortero de cerámica alto para impedir que los jugos salten al machacar los ingredientes.

Harto de las hordas de turistas de Chiang Mai, decidí que mi siguiente parada sería una ciudad llamada Phrae. Fue todo un acierto: está lejos del radar de los turoperadores, es tranquila y sin grandes monumentos; en cambio, está cuajada de templos, hay poco tráfico y la gente es pausada y amable. Nada más llegar empecé a conocer gente y enseguida tenía un grupo de «amigos» tailandeses que me habían adoptado. Entre ellos estaba Nin, una chica que regentaba un puesto callejero de Som Tam. Además de llevarme a recorrer mercados y hacerme probar cosas raras, me enseñó a hacer una buena ensalada de papaya. Descubrí que es sencillo y a la vez complejo. Recuerda sus secretos: ingredientes frescos, sabor potente y mortero para «machacar». Ah, y ten en cuenta que no se come sola, sino que es parte de una comida más amplia en la que su función es refrescar y dar contraste. Te recomiendo que hagas como los isaan y la acompañes con arroz glutinoso y un pedazo de Gai Yang, pollo a la barbacoa.

PREPARACIÓN

1. Blanquea las judías 3 min. Retira, seca y parte cada una en 4 trozos. Cubre las gambas 10 min con agua hirviendo. Escurre y seca. Haz la salsa y mézclala hasta que se disuelva el azúcar.

2. En un mortero, pon una pizca de sal gruesa y machaca los ajos y las guindillas. Cuando tengas una pasta gruesa, añade las gambas y los cacahuetes, y maja un poco más; hazlo de manera somera, no hace falta que quede una pasta fina. Sobre todo, es importante que queden trozos de cacahuete.

3. Incorpora la papaya rallada, los tomates y las judías. Moja con la salsa y mezcla bien.

4. Sirve con arroz glutinoso hervido y pollo a la parrilla.

INGREDIENTES

1 filete de picaña de ternera de unos 250 g
(u otro corte de buena calidad)

sal

pimienta

½ cebolla roja pequeña, laminada muy fina
(dejar ½ h en agua fría, para que
pierda fuerza)

1 cebolleta china cortada en láminas finas

1-2 chiles ojo de pájaro picado

cilantro fresco picado

menta fresca picada

4 cdas. de aliño de ensalada thai
(ver pág. 207)

Para servir

sésamo negro y blanco tostados

cebolla frita

1 cdta. de polvo tostado de arroz

½ cdta. de aceite de guindillas

NEUA YANG NAM TOK

Ensalada picante de picaña de ternera

👤 **2 personas**

Nam Tok significa «cascada» y se refiere a los jugos que salen de un filete cocinado. Esta es una de las ensaladas isaan más populares. Se cocina con ternera marcada a la parrilla, para que quede tostada pero cruda por dentro, y después se aliña con salsa de pescado, chiles, lima y hierbas aromáticas. El polvo de arroz tostado es fundamental para darle sabor a frutos secos y proporcionarle un punto crujiente.

La primera vez que comí esta receta estaba alojado en el barrio de Ding Daeng, en Bangkok. Me metí en un tugurio isaan bastante suciete y pedí arroz glutinoso y Nam Tok. Cuando llegó a mi mesa me di cuenta de que la habían preparado con carne cruda; algo habitual, pero que yo no esperaba. Un plato muy grande lleno de carne sanguinolenta, dura y picante como el infierno. Tuve que armarme de valor y comer todo lo que pude. Años después, fue una de las recetas que pusimos en la carta de Kitchen 154 y, con filetes de picaña, nos quedó una receta muy lograda. Todas las mañanas preparábamos ascuas de carbón en una minibarbacoa que Txitxo había conseguido no sé dónde y asábamos una buena tanda. A la gente le encantó la receta. Eso sí, fue el único plato en el que jamás bajamos el grado de picante; debía arder y creo que hicimos llorar a bastante gente. Si decides preparar la receta, solo te doy un consejo: haz la carne a la parrilla y deja que el sabor a brasas inunde el plato; te aseguro que entrarás en otra dimensión.

PREPARACIÓN

1. Salpimienta el filete y ásalo a la parrilla a fuego fuerte. Hazlo en torno a un par de minutos por cada lado, que quede bien marcado pero crudo por dentro. Reserva tapado y deja templar.

2. Trocea el filete en láminas delgadas, retirando la grasa y los nervios. Pon la carne, la cebolla, la cebolleta, el chile, el cilantro y la menta en un bol, y aliña con la salsa. Prueba y rectifica de sazón. Deja reposar un par de minutos.

3. Coloca la ensalada en boles individuales y termina con el sésamo, la cebolla frita, el polvo de arroz y el aceite de guindillas. Ten más aliño a mano por si fuera necesario. Sírvelo con arroz glutinoso (ver pág. 146) y alguna cerveza helada, para apagar el fuego.

INGREDIENTES

400 g de carne picada de pollo

4 cdas. de caldo de pollo

½ cebolla roja cortada en juliana muy fina
(poner ½ h en agua fría, para que
pierda fuerza)

2 cebolletas chinas cortadas en aros finos

1-2 chiles ojo de pájaro picados

cilantro fresco picado

menta fresca picada

1 cdta. de polvo de arroz tostado

1 cdta. de copos de chile

sal

pimienta

4 cdas. de salsa para ensaladas tailandesa
(ver pág. 207)

LAAB GAI

Ensalada de pollo con menta, cilantro y guindillas

👤 4 personas

El laab es un tipo de ensalada isaan preparada con carne picada y sazón potente, para que el resultado final sea picante, ácido y salado, con contrastes de sabores y texturas. Para mí, la laab reúne muchas de las características de la cocina tailandesa y, a la vez, es deliciosa y fácil de preparar. Puedes usar carne de cerdo, ternera o pato, si lo prefieres.

Estuve casi una semana en Mae Sot, una ciudad pegada a la frontera birmana. Aprendí el proceso tradicional de hacer tofu, dormí en el hotel de Norman Bates y me harté de comer namya, un pan que sabe a gloria preparado en horno tandor. Cuando tuve bastante, regresé a Bangkok. A mitad de camino decidí hacer una parada en Kamphaeng Phet, una pequeña ciudad con unas interesantes ruinas arqueológicas.

Resultó que al lado de mi pensión existía una casa de comidas regentada por una anciana y su hija. La abuela cocinaba encorvada sobre el wok platos clásicos tailandeses y lo hacía como los ángeles. Noodles, sopas y también ensaladas isaan, de donde ella provenía. Me gustó tanto su comida que decidí quedarme cuatro días por allí hasta probar toda la carta. Como la cocina estaba frente a las mesas, era sencillo sentarse allí bebiendo una Chang mientras tomaba notas de su manera de cocinar.

PREPARACIÓN

1. En una sartén, pon el caldo y deja que se caliente. Añade la carne picada y cocínala. Al principio se pegará un poco a la sartén, pero luego con los jugos se despegará. Hazlo a fuego medio para que no se caramelice y conserve el máximo de jugosidad. Salpimienta ligeramente. Es importante que no se seque. Retira del fuego y deja que se temple.

2. En un bol, mezcla la cebolla, las cebolletas, el chile, el cilantro y la menta. Agrega la carne, los copos de chile y sazona con la salsa.

3. Incorpora el polvo de arroz y mezcla. Deja que repose un par de minutos. El resultado final debe ser picante, ácido y salado. Si quieres, rectifica con un poco de salsa de pescado o lima. Se come acompañado de arroz glutinoso hervido (ver pág. 146), col y judías crudas.

Malasia

MALASIA

MALASIA

Las cuatro cocinas de Malasia

Cuando me preguntan cuál es la mejor cocina del sudeste de Asia siempre pienso en la tailandesa, pero cuando reflexiono unos instantes, termino decidiendo que, sin duda, la mejor es la de Malasia. ¿Por qué? Pues porque en un solo país podemos encontrar cuatro cocinas diferentes y completas que, a su vez, han sabido mezclarse entre ellas y crear platos nuevos y únicos.

Por su historia, Malasia es un país multicultural. Más del 50 % de su población es de origen malayo y religión musulmana, pero existen poderosas minorías chinas, indias, nonyas y un pequeño grupo euroasiático.

La península de Malasia fue desde antiguo una zona de paso entre China e India. En el siglo XIV se estableció el primer estado propiamente malayo, el sultanato de Malacca. Este reino musulmán estaba poderosamente influenciado por la isla de Sumatra y se hallaba en medio del comercio de las especias.

El puerto de Malacca atrajo enseguida comerciantes chinos que se establecieron en la ciudad. A estos emigrantes, por lo general gente adinerada, se los conoció como «peranakan» o «chinos de los Estrechos» y, al casarse con mujeres malayas, crearon una cultura nueva e increíblemente rica: la «nonya».

En 1511, los portugueses ocuparon Malacca e iniciaron la expansión europea en la zona. A estos les siguieron, años después, los holandeses, quienes dieron lugar a un nuevo grupo social por la mezcla entre hombres europeos y mujeres asiáticas. Este grupo, los «kristang», crearon una nueva gastronomía —la «euroasiática»— con aires europeos y americanos.

A principios del siglo XIX, los británicos se habían asentado en Penang, Malacca y Singapur, y seguían ampliando fronteras por la región sin parar. Con ellos llegarían las dos olas migratorias más importantes que han afectado a Malasia: los chinos y los tamiles que, a finales del siglo XIX, vinieron para trabajar en las plantaciones de té y caucho.

Así, hacia 1891, el 76 % de la población de Kuala Lumpur era china. Lo mismo ocurrió en Penang, Singapur y otras ciudades. Los trabajadores indios provenían sobre todo del sur del país —Tamil Nadu, Kerala, Andhra Pradesh o Ceilán—, y eran tanto musulmanes como hindúes.

Lo malayo, lo europeo, lo indio, lo árabe, las especias lejanas, las técnicas chinas, los productos locales y las tradiciones del sudeste de Asia han creado una cocina tan mestiza y fascinante que hoy es única en todo el mundo.

Estas son las cuatro cocinas de Malasia:

La cocina malay

Los «malay» son los habitantes musulmanes —no indios— de Malasia. Su cocina tiene raíces árabes e indias, pero con ingredientes y técnicas del sudeste de Asia.

Se trata de una cocina muy especiada, con mezclas similares a las de la India, pero como Malasia está en el sudeste de Asia, la mayoría de los platos comienzan a cocinarse a partir de una pasta húmeda de hierbas llamada *rempah*, muy parecida a las tailandesas. Además, en todas las recetas es clave el uso de una amplia variedad de hierbas aromáticas como el lemongrass, la galanga, la cúrcuma, las hojas de laksa, la lima kaffir o el pandan. Muchos platos tienen un punto ácido por el empleo de tamarindo fresco, más habitual que la lima.

Es también una comida picante, pero sin excesos. Se utilizan muchas guindillas secas, sobre todo en las pastas, por lo que muchos platos tienen un color ladrillo intenso. Se emplean, además, diferentes tipos de chiles frescos, y son habituales los sambals o salsas picantes que se sirven con el resto de los platos.

Uno de los sabores más reconocibles de la cocina malay lo aporta el blachan, una pasta de gambas fermentadas. Su olor es muy fuerte, pero cuando se tuesta se transforma en un aroma parecido al de las gambas a la plancha. Se usa en todas las rempah y le aporta un sabor profundo y umami a cualquier plato.

El dulzor de los platos proviene de la leche de coco y el azúcar de palma. La primera, santan, se emplea para cocer los alimentos dándoles dulzor y melosidad. Por otro lado, el azúcar de palma, gula melaka, es básico, porque da sabor a caramelo en muchas recetas. Por ello, el azúcar blanco no es un buen sustituto.

También por influencia árabe se usan mucho los frutos secos y el agua de rosas, se cocina con yogur y se emplea

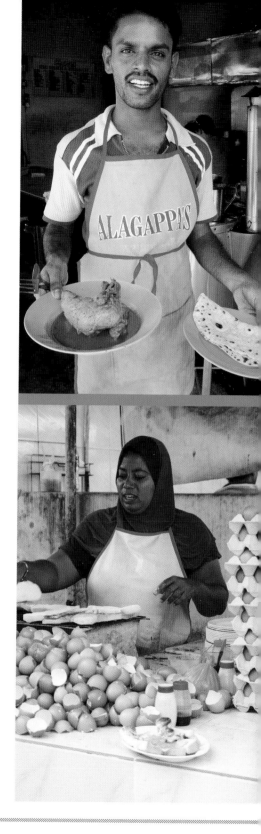

leche en muchas recetas, algo muy inusual en el resto de la región.

Por supuesto, la comida es Halal o «permitida» según la ley islámica. De este modo, hay alimentos prohibidos, como el cerdo, y también maneras determinadas de matar a los animales para acentuar el desangrado. La proteína consumida procede del cordero, la ternera o el pollo, además del marisco y el pescado.

Los malay basan su comida en el arroz, a menudo hervido con cúrcuma o leche de coco. Pero por influencia árabe también son grandes consumidores de pan. A menudo se toma arroz en la comida y tortas en el desayuno y la cena.

Las cocinas chinas de Malasia

Desde antiguo, hubo una gran migración de trabajadores del sur de China a Malasia que pertenecían a cinco grandes áreas lingüísticas: hokkien, teowchew, hakka, hainanés y cantonés. Cada grupo trajo su cultura y también su cocina, así que hoy en día en Malasia no hay una sola «cocina china», sino diferentes cocinas regionales, cada una con sus recetas y peculiaridades.

Aun así, todas ellas tienen en común una serie de sabores, técnicas y productos. La cocina china aportó cuatro elementos fundamentales a la cocina de Malasia:

1. Las sazones derivadas de los fermentos de soja: entre las cuales la más importante es la salsa de soja. Todas estas salsas son muy umamis y le dan a la comida un sabor característico con aliños moderados y suaves.

2. **Los noodles**: la comida preferida de los habitantes chinos de Malasia. Existen decenas de variedades y recetas que se comen a cualquier hora del día. Tanto es así que, si visitas Penang o Singapur, da la impresión de que sus gentes solo se alimenten de fideos.

3. **El Dim Sum**: las «delicias que tocan el corazón» son pequeñas tapas servidas en las Dim Sum shops. No se trata solo de dumplings, sino de toda una variedad de platillos salados, desde costillas al vapor hasta *egg tarts*.

4. **El uso del wok**: los chinos lo introdujeron y, con él, una manera nueva de cocinar: salteados breves y sabores puros y muy diferentes de las largas cocciones de los guisos árabes e indios.

Además de estos cuatro elementos, los chinos aportaron la cocción al vapor, el tofu, los braseados en rojo, las sopas y gachas de arroz, el uso de palillos y la afición al té.

Como no podía ser de otra manera, los sabores suaves de la cocina china se vieron influenciados por los de sus vecinos de aliños más poderosos. De este modo, no pasó mucho tiempo sin que surgiera una nueva cocina de fusión chino-malaya. Los chiles, el pandan, la pasta de gambas o el curry, productos extraños para la cocina china, se abrieron paso en recetas nuevas que un chino de China no reconocería.

Las cocinas indias de Malasia

A lo largo de los siglos, muchos comerciantes indios fueron estableciéndose en Malasia, pero no fue hasta el siglo XIX cuando miles de trabajadores llegaron a «los Estrechos». La mayor parte provenía del sur de la India y Ceilán. El trabajo que llevaron a cabo en los campos de té y en el

NO PORK 加料 RM 5.00
SINGAPORE MEE HOON 星洲米
CHAR KOAY TEOW RM 5.00 炒粿
BEE TAI BAK RM 5.00 米台
MEE SUAH RM 5.00 面
TAN HOON RM 5.00 冬旦
MAGGI MEE RM 5.00 金

炒

caucho fue esencial para el desarrollo de la región. Además, hubo otra migración menor desde el norte de la India, de donde llegaron comerciantes shiks y gujaratis. Hoy en día la población de origen indio representa el 8 % de la población de Malasia.

En Malasia existen tres tipos de cocina india:

1. Cocina sur-india hindú: originaria de Kerala y Tamil Nadu, es una cocina con un fuerte componente vegetariano. Los curries se cocinan en leche de coco, con tamarindo y un sofrito de hojas de curry, chiles secos y granos de mostaza. Usan también mezclas de especias tostadas. Son muy populares los panes fermentados, como las dosas o idlis. Esta cocina ha dado origen a los *banana leaf restaurants*.

2. Cocina mamak: a los malayos musulmanes de origen indio se los conoce como «mamak». Suelen vender comida en puestos callejeros populares en todo el país. Su cocina es más carnívora que la de sus hermanos hindúes, con muchos platos de cordero, pollo o pescado. Su pan preferido es el roti canai, una torta hojaldrada que se sirve con dhal y con teh tarik, té «escanciado» con leche. Una evolución es el *murtabak*, un roti relleno con una mezcla de cebollas y carne especiadas. Existen dos platos mamak que no existen en la India y son una muestra increíble de mestizaje: el Mee Goreng y el Mee Rebus. Ambos unen noodles chinos, hierbas locales y especias indias.

3. Cocina musulmana del sur de la India: las comunidades de musulmanes del sur de la India han dado lugar a un tipo de cocina conocida en Penang como «nasi kandar». Es una gastronomía influida por las de Punjab y Pakistán. Bastante carnívora, muy aromática, pero mucho menos picante que

la de los hindúes, y con guisos cocinados con ghee y yogur. Las comidas se acompañan de panes de trigo como los chapattis o nan. También son populares los guisos de arroz, como los biryanis.

La cocina nonya

Los nonyas son los descendientes de los matrimonios entre comerciantes chinos y mujeres malayas musulmanas. Estas comunidades comenzaron a florecer en el siglo XV en lugares como Malacca, Singapur o Penang, dando lugar a un colectivo nuevo de gustos refinados. La gastronomía que desarrollaron fue una fusión entre ambas culturas.

A lo largo de los siglos, esta gastronomía delicada y compleja estuvo confinada en las cocinas de las casas acomodadas. Tras la segunda guerra mundial, llegó el declive de muchas de estas familias y la cocina nonya tuvo un lento ocaso, hasta que la llegada del turismo de masas ha supuesto un *revival* con decenas de nuevos restaurantes.

Es una cocina que tiene una base china en las recetas y los ingredientes: el uso de noodles, salsas de soja, aceite de sésamo, derivados del tofu, Dim Sum y salteados. A la vez, también es claramente malay y emplea chiles, leche de coco, lemongrass, lima kaffir, galanga, blachan, tamarindo y especias.

La cocina en wok se unió a los curries y las sopas de noodles se prepararon con pastas de especias y tamarindo, algo nuevo y completamente desconocido en China y Malasia. Quizá el mejor ejemplo de esta fusión sean las laksas, sopas de noodles con tofu, especias, guindillas y leche de coco.

INGREDIENTES

1 kg de carne de cordero troceada con hueso
(cuello, pecho o espalda de recental
o pascual)

1 rama de canela

6 clavos de olor

6 vainas de cardamomo

1 pieza de anís estrellado

6 tomates maduros pelados y troceados

2 l de agua o caldo de pollo

sal

1 cda. de aceite

cilantro fresco picado

chalotas fritas

lima

300 g de patatas y zanahorias (opcional)

La rempah

½ cebolla roja pequeña pelada y picada

4 ajos troceados

2 cdtas. de jengibre pelado y picado

1 chile verde pequeño y troceado

2 cdtas. de coriandro en grano

1 cdta. de comino en grano

1 cdta. de pimienta en grano

1 cdta. de hinojo en grano

½-1 cdta. de cúrcuma molida

SUP KAMBING

Sopa india de cordero con patatas

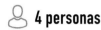

4 personas

Este es un plato indio que no encontrarás en la India, ya que lo crearon cocineros indomusulmanes de Malasia. Se trata de una receta más cercana a una sopa que a un curry espeso. Es especiada, muy aromática, pero poco picante. Por lo general se come al atardecer o por la noche, con rebanadas de pan blanco, para mojar.

En Penang, las clases de cocina aún no son demasiado populares. Un día di por casualidad con el señor Pintu, un musulmán simpático que organizaba clases en su casa. Su sistema era peculiar: en lugar de darlas él mismo, invitaba a los mejores cocineros de los puestos callejeros que conocía. Tuve la suerte de participar en una de esas clases con un cocinero de Bangladesh que había llegado apenas cinco años antes. Trabajaba en un Nasi Kandar, un restaurante típico de Penang que ofrece comida musulmana del sur de la India. Esta es su receta.

PREPARACIÓN

1. Salpimienta el cordero.

2. En una sartén, en seco, tuesta el coriandro, el comino, la pimienta y el hinojo durante 1 min. Ten cuidado de que no se quemen. Retira y deja enfriar. Muele en un molinillo hasta que quede un polvo fino.

3. Con una batidora, reduce a puré la cebolla, el ajo, el jengibre y el chile verde. Mézclalo con las especias secas y la cúrcuma. Viértelo sobre el cordero y deja marinar 1 h.

4. En una olla de fondo grueso, pon a calentar el aceite. Añade la canela, los clavos, las vainas de cardamomo y el anís, y fríe ligeramente 1 min. Incorpora el cordero y su marinada, y permite que se sellen bien todas las piezas durante unos 10 min a fuego moderado.

5. Agrega los tomates picados y deja que se forme una salsa. Cuando esté más bien seco, moja con suficiente agua para cubrir la carne y deja cocer a fuego lento hasta que esté muy tierna y se desprenda del hueso, unas 2-3 h. Añade más agua si se quedara seco. Recuerda que la consistencia debe ser la de una sopa.

6. Si quieres un guiso más espeso, puedes agregar zanahorias o patatas troceadas unos 30 min antes de terminar la cocción.

7. Rectifica de sazón y sirve con cilantro picado y cebolla frita por encima. Acompaña con unos gajos de lima y pan de molde tostado.

INGREDIENTES

200 g de noodles redondos
de arroz gruesos tipo Udon

1 caballa de unos 300 g, sin cabeza
y sin espinas, cada lomo troceado en 3
(dejar 1 h en agua fría para desangrarla)

800 ml de caldo de pescado

2 cdas. de aceite vegetal

1 porción de pasta para Assam Laksa
(ver pág. 201)

2 cdtas. de salsa de soja clara

1 cdta. de salsa de soja oscura

sal

1-2 cdtas. de azúcar de palma

menta fresca picada

hojas de lechuga tierna

100 g de piña madura, pelada
y troceado en juliana fina

½ pepino pelado, sin las semillas
y troceado en juliana fina

chile verde troceado

PENANG ASSAM LAKSA

Laksa ácida de caballa con noodles gruesos de arroz

 2 personas

Una laksa es una sopa de noodles que se prepara a partir de una pasta de hierbas y raíces aromáticas. Hay muchas variedades, pero se pueden dividir en dos: lemak y assam. La lemak se prepara con leche de coco, es espesa y dulzona, pero también más pesada. La assam lleva tamarindo, es más líquida y picante, y también más ligera y fresca. Se cocina con pescados azules, por lo general caballa, y también se la conoce como laksa «de Penang».

La primera vez que comí esta sopa estaba en Penang. Fue después de una clase de cocina con una mujer llamada Pearly, cuando ella y su marido se ofrecieron a llevarme a comer por la isla. Nos pasamos una mañana entera recorriendo la zona y probando cosas deliciosas. Cuando ya estaba gordo como un cochino, llegamos a Air Itam, un pueblo a las afueras de Georgetown; se dice que allí se come la mejor Assam Laksa del mundo. No aceptaron mis excusas, así que nos sentamos en un mercado y pedimos una. A pesar de que no podía más, estaba tan deliciosa que tuve que comerme un bol entero. Regresar al hotel fue tan sencillo como dejarse rodar montaña abajo.

PREPARACIÓN

1. Cuece los noodles hasta que estén al dente.

2. En una cazuela, pon el aceite y comienza friendo la pasta. Hazlo a fuego suave, que vaya haciéndose, soltando aromas. Al cabo de unos 10 min, moja con el caldo y deja hervir otros 10 min a fuego suave.

3. Sazona con las salsas de soja, la sal y el azúcar. Debe estar bien sazonado: ácido, picante y con un punto dulzón. Cocina otros 5 min.

4. Cuando estés contento con la sazón del caldo base, añade los lomos de caballa y cuece durante otros 6-8 min. No es necesario que el pescado esté entero, es mejor que vayas deshaciéndolo hasta que queden trozos más enteros y lascas.

5. Mientras tanto, ve preparando los boles para servir la sopa. Divide los noodles, la lechuga, la piña y el pepino entre ellos.

6. Cuando el caldo esté espeso y muy caliente, sírvelo en los boles. Agrega algo de menta encima de cada uno de ellos.

7. Acompaña la sopa con chiles verdes y lima.

PENANG, LA CIUDAD DE ASIA DONDE MEJOR SE COME

Me encanta Penang. Es un lugar especial, lleno de rincones e historias suspendidas en el tiempo. Ni los años ni la llegada masiva de turistas han apagado mi amor por ella.

Pero no todo es cultura. Penang tiene algo que la hace aún más atractiva: es donde mejor se come de Asia y, quizá, del mundo. La ciudad fue un crisol de pueblos y en sus calles vivieron malayos, chinos, tamiles, armenios, nonyas, europeos y japoneses. Gentes orgullosas de sus raíces dispuestas a aportar su granito de arena a la cocina de la ciudad.

Puedes encontrar en Penang mejor comida china que en China y mejores platos tamiles que en la India. Parece que todos viven por y para comer. Los restaurantes y puestos callejeros son legión y rivalizan por mantener vivas las tradiciones de sus mayores.

Para una persona que ama la cocina asiática, Penang es el paraíso. Cuando estoy allí me siento como un niño en una tienda de juguetes. Suelo levantarme muy pronto para comenzar a comer cuanto antes. A las 6 ya estoy en Little India tomando un tek tarik con un pan con lentejas; al poco llega el desayuno chino en el mercado de Chowrasta, allí tocan dumplings o noodles. Como es una elección difícil, casi siempre tomo ambos.

Me retiro a esperar la comida y entonces vuelvo a tratar de elegir entre mil opciones. Deliciosa comida cantonesa en el Teksen, pies de cerdo guisados, pescados enteros al vapor o ir al Maj a comer un curry de chipirones.

Por la tarde, toddy fresco con los trabajadores tamiles o zumo de nuez moscada en el bar de los abuelos. El momento mágico llega por la noche, cuando cae el sol y los puestos de Lebuh Chulia y de Kimberley ya están montados. Noodles, salteados, samosas de pollo, kormas de codorniz, dosas, nasi kandar. Es la locura: Asia en cuatro calles.

Y luego unas birras heladas en el Hong Kong o en el bar de los borrachos de Lorong Stewart. Y cuando parece que ya he terminado, la sorpresa de descubrir que el restaurante de Kassim Mustafa abre 24 horas. Horror. Dalcha de cordero o ayam kicap...

¿Singapur, Bangkok, Hong Kong? Paparruchas.

EL KOPITIAM

Kopitiam es el nombre que reciben en Malasia y Singapur las antiguas cafeterías de origen chino. Su nombre proviene de la palabra *kopi*, «café» en malayo, y *tiam*, «tienda» en hokkien.

Un kopitiam es, sobre todo, una institución, en muchos casos centenaria, que mantiene vivas tradiciones que las comunidades chinas trajeron de su tierra. Es el punto neurálgico de un barrio o una calle. Es lo contrario a los tiempos modernos, a las franquicias y la homogeneización.

En su interior, el tiempo parece detenido en una época en que no había plástico ni prisas y todo se hacía sin «atajos». Paredes de azulejos, mesas redondas de mármol, sillas antiguas de madera, tazas y platos de loza y, sobre todo, muchos parroquianos; gente mayor que acude desde hace años a pasar el rato tomando café en la misma mesa, desayunando, leyendo el periódico o jugando al Mah-Jong.

Mi amigo Pang es de origen hainanés. Su familia llegó a Penang hace más de 90 años y en 1929 abrió el Nam Kie Kopitiam al lado del mercado de Chowrasta. Llevan casi un siglo sirviendo desayunos y comidas.

En su local se sirve «café blanco», una especialidad malaya, con granos de café tostados con mantequilla y azúcar. El polvo se pone en una muselina sobre la que se echa agua hirviendo, después se endulza con leche condensada y se sirve caliente o con hielo. La comida es sencilla, platos que llevan cocinándose igual durante generaciones y que atraen a una clientela fiel. En su local sirven hainan mee, noodles salteados con cerdo y gambas en manteca de pollo. Además, ofrecen dos clásicos chinos: tostadas gruesas de pan casero con kaya y huevos pasados por agua sazonados con pimienta blanca y salsa Maggi.

Por desgracia, en Penang cada día desaparecen más kopitiam, sobre todo desde que la ciudad es Patrimonio de la Humanidad. Un día cierra un kopitiam con años e historias a sus espaldas y enseguida lo sustituye otra *boutique hotel* u otro *cuquicafé*. Muchos kopitiam languidecen, igual que nuestros bares, esperando la muerte de sus dueños para echar el cierre a varias generaciones de historia.

INGREDIENTES

500 g de pechuga de pollo troceada en dados

sal

pimienta negra recién molida

30 g de cebolla roja picada

1 tallo de lemongrass cortado
en aros muy finos

1 cdta. de azúcar de palma

2 cdas. de polvo de curry malayo
(ver pág. 203)

1 cdta. de polvo de chile

1 cdta. de salsa de soja clara

50 ml de leche de coco

harina de arroz o maicena (para más sabor,
añadir especias y sal a la harina)

aceite para freír

salsa para Inchi Kabin (ver pág. 207)

INCHI KABIN

Pollo frito a la hainanesa

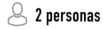 2 personas

En Penang conocí a Pang, un hainanés que regentaba un kopitiam. De tanto ir a su local, nos hicimos amigos y, a los pocos días, me presentó a sus colegas y comenzamos a salir juntos. Íbamos a un local llamado Red Garden, una cervecería al aire libre con karaoke y mesas corridas. Allí tomábamos cerveza Skoll mezclada con Guinness y charlábamos de cosas absurdas hasta que tocábamos fondo. Comíamos siempre platos chinos, porque decían que la comida de otras etnias era una mierda. El caso es que sus amigos eran viejos cocineros hainaneses, borrachos y simpáticos. Yo siempre intentaba que me explicaran cómo se cocinaban los platos que comíamos, pero era imposible. Por muy borrachos que estuvieran, se hacían los suecos y empezaban a hablar de otra cosa.

Esta receta, un sencillo pollo frito marinado, se tomaba en los cócteles de la época colonial y hoy se consume en los puestos callejeros y las cervecerías. En los viejos tiempos era un plato popular entre los oficiales de marina. Cuando la comida estaba lista, el cocinero los llamaba diciendo Encik dalam cabin chicken siap o «Señores de la cabina, su pollo está listo». Mi último día en Penang compré una botella de Chivas de contrabando para el grupo. Mientras vaciábamos los vasos, Josh, uno de los cocineros, me llamó aparte y, susurrando, me dijo: «El secreto del Inchi Kabin es freírlo en aceite muy muy usado, para que sepa bien...». Gracias, Josh.

PREPARACIÓN

1. Pon la cebolla y el lemongrass en un mortero y májalos someramente. Salpimienta el pollo y añade el majado, el azúcar y las especias. Junta bien hasta que todo el pollo esté bien cubierto de marinada. Moja con la salsa de soja y la leche de coco, y mezcla bien. Deja marinar unas 4 h o toda la noche.

2. Calienta abundante aceite en una olla o sartén. Escurre el pollo y reboza los trozos en harina de arroz. Retira el exceso. Cuando el aceite esté caliente, comienza a sumergir los trozos de pollo. Deja que se doren bien, pero no permitas que se queden secos.

3. Saca las piezas y déjalas unos instantes sobre papel de cocina, para que pierdan el exceso de aceite. Sirve con su salsa.

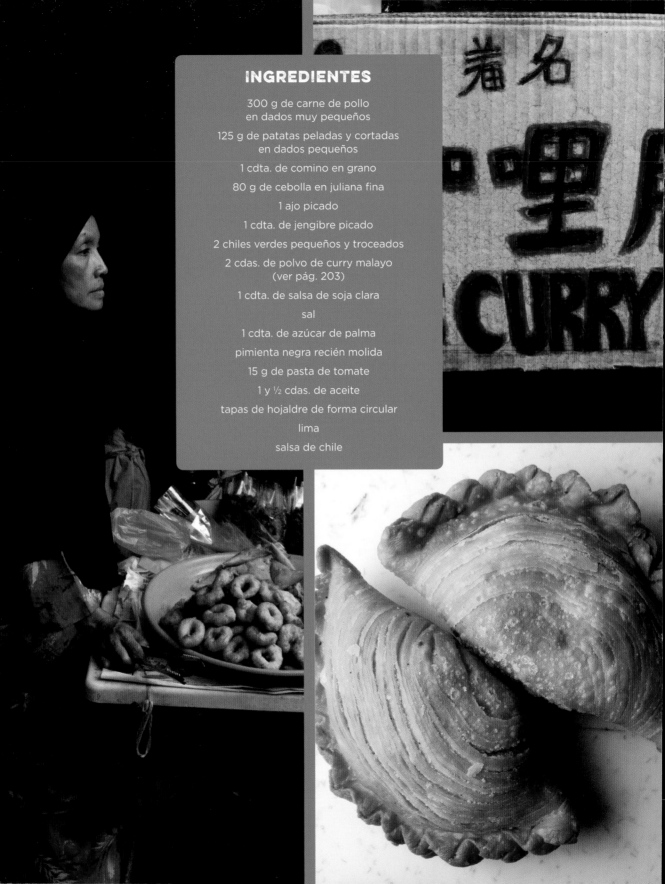

INGREDIENTES

300 g de carne de pollo
en dados muy pequeños

125 g de patatas peladas y cortadas
en dados pequeños

1 cdta. de comino en grano

80 g de cebolla en juliana fina

1 ajo picado

1 cdta. de jengibre picado

2 chiles verdes pequeños y troceados

2 cdas. de polvo de curry malayo
(ver pág. 203)

1 cdta. de salsa de soja clara

sal

1 cdta. de azúcar de palma

pimienta negra recién molida

15 g de pasta de tomate

1 y ½ cdas. de aceite

tapas de hojaldre de forma circular

lima

salsa de chile

CURRY PUFF

Empanadillas de curry de pollo y patatas

 Unas 8 empanadillas

Durante la época colonial, los británicos introdujeron en Singapur los «cornish pasties», unas empanadas de carne características de Cornualles. Con el tiempo, les pidieron a sus empleados indios y malayos que cocinaran algo similar. Lógicamente, estos las adaptaron a su gusto, añadiendo polvo de curry y jengibre, pero respetando los ingredientes originales. El resultado fue una fusión entre las empanadas europeas y las samosas indias.

Los mejores Curry Puff del mundo los venden en Little India, en Penang. Allí tienen forma triangular y son bastante grandes. El relleno es perfecto, con una base de patatas, una cucharada de curry de pollo muy especiado y ½ huevo duro encima. También las tienen de sardinas al curry, pollo a la pimienta negra, veganas... Cuando estoy allí, siempre salgo a hacer fotos a las 5 de la tarde, cuando la luz empieza a ser dorada justo antes del atardecer. No sé por qué, pero tengo la tradición de pasar por ese puesto y comerme un Curry Puff de pollo antes de empezar a tirar fotos; me da suerte y me deja los botones de la cámara pringosos.

PREPARACIÓN

1. Hierve las patatas con una pizca de sal hasta que estén tiernas pero aún firmes. Escurre y reserva.

2. Sofríe el comino en grano, la cebolla y el chile verde hasta que comiencen a dorarse. Entonces, añade ajo y jengibre, y déjalo 2 min.

3. Pon el polvo de curry y la pasta de tomate. Mezcla bien y permite que el aceite suba a la superficie. Agrega algo de agua si las especias se pegan. Cuando tengas una salsa, incorpora el pollo y mezcla bien, cocinando hasta que pierda el color rosado. Sazona con soja, sal, azúcar y pimienta.

4. Añade las patatas y junta con el resto. Moja con medio vasito de agua y deja hervir hasta que el conjunto haya espesado y ligado bien. El relleno debe quedar seco y cremoso, con las patatas casi reducidas a puré y el pollo tierno. Rectifica de sazón y deja enfriar.

5. Rellena las obleas como una empanada y séllalas con cuidado, para que no se salga el relleno. Precalienta el horno a 200° y hornea las empanadillas hasta que estén doradas.

6. Sirve con lima y salsa de chile.

INGREDIENTES

brochetas de bambú

500 g de contramuslos de pollo
limpios y troceados

La marinada

2 cdtas. de coriandro molido

1 cdta. de comino molido

½ cdta. de cúrcuma molida

1 cdta. de pimienta negra molida

1 cdta. de ajo majado

1 cdta. de jengibre majado

1 cdta. de azúcar de palma

½ cda. de aceite

2 cdas. de leche de coco

1 y ½ cdas. de salsa de soja clara

sal

lima

salsa de cacahuetes (ver pág. 208)

SATAY AYAM

Pinchos de pollo especiados con salsa de cacahuetes

 Unas 15-20 brochetas

La primera vez que estuve en Malacca nada hacía presagiar el tsunami que se le venía encima. La ciudad había sido declarada Patrimonio de la Humanidad tan solo unos días antes, la gente estaba contenta y todo parecía seguir su curso normal. Sus calles estaban repletas de comercios tradicionales y la vida vecinal bullía en cada barrio.

Tres años después, nada de todo eso existía ya: la horda de turistas había barrido la urbe, los viejos locales los habían sustituido restaurantes para extranjeros y los vecinos de toda la vida habían perdido sus casas en una ola gentrificadora rápida y brutal. Malacca se había convertido en un decorado triste y vacío.

Muy pocos sitios resistieron la avalancha. Algunos restaurantes siguieron haciendo su trabajo con dignidad, cocinando no solo para los extranjeros, sino sobre todo para los vecinos de toda la vida. Un día encontré un viejo kopitiam que aún sobrevivía entre «cuquismo» y franquicias. Ofrecían las especialidades de siempre: café, tostadas con kaya, noodles... Una pareja muy joven con una barbacoa preparaba satay y estaban tan ricos que solo trabajaban cuatro horas al día, hasta que agotaban existencias. Comida sabrosa, honesta, sin pretensiones. Como solía ser Malacca.

PREPARACIÓN

1. Antes de usarlas, cubre con agua las brochetas de bambú durante 1 h por lo menos. De este modo, no se quemarán al cocinarlas.

2. Mezcla bien los ingredientes de la marinada. Sala ligeramente el pollo y marínalo toda la noche. Ensarta 3 piezas de pollo por brocheta.

3. Lo mejor es que estos pinchos se cocinen a la barbacoa. Si no dispones de una, puedes hacerlos a la plancha. Pon muy poco aceite en una plancha y, cuando esté caliente, asa los pinchos unos 3 min por cada lado, hasta que se doren pero estén jugosos por dentro. Procura que no se hagan demasiado. Mientras se cocinan, píntalos con un pincel con parte de la marinada que haya sobrado.

4. Retira y sirve con lima y salsa de cacahuetes.

INGREDIENTES

1 kg de carrillada de ternera troceada
en dados grandes

2 vainas de cardamomo

2 clavos

1 pieza de anís estrellado

1 rama de canela

1 porción de pasta de especias para rendang
(ver pág. 202)

100 ml de leche de coco mezclados
con 1 l de agua

3 cdtas. de kerisik (coco rallado
y tostado en seco, ver pág. 213)

10 hojas de lima kaffir

1 lemongrass partido en dos

1 cdta. de sal

1 y ½ cdtas. de azúcar moreno (unos 7 g)

½ cdta. de salsa de soja oscura

1 cda. de agua de tamarindo (ver pág. 213)

2 cdas. de aceite

RENDANG DAGING

Guiso de carrillada de ternera y coco tostado

 4 personas

El rendang es un guiso seco de ternera originario de Sumatra, que se come entre las comunidades musulmanas del sur de Asia. Antiguamente, la carne se cocinaba durante horas, hasta que quedaba casi sin salsa y cubierta con una capa de hierbas y especias; de este modo, el guiso podía consumirse durante una semana sin que se pusiera rancio.

Cuando dejé Penang, me fui a Kota Bharu. Al poco de llegar conocí a Guillaume, un chico francés que vivía allí y conocía bien la ciudad. Una tarde me propuso ir a ver un partido de fútbol. Yo no lo sabía, pero se disputaba un clásico: Kelantan contra su archienemigo, Negiri Sembilan. Compramos unas entradas y nos plantamos en la grada de los ultras del Kelantan. Todo fue bien hasta que un grupo de hinchas reparó en nosotros y, de repente, todo el fondo se giró y comenzó a gritarnos. Imaginaos a cinco mil malayos vueltos hacia vosotros y bramando cosas que no entendéis. Aguantamos el chaparrón como pudimos hasta que, con un gol de los rivales, nos escabullimos en silencio. Salimos de allí con ganas de emborracharnos. Como había ley seca, nos metimos en una tasca algo costrosa. Pedimos arroz y media docena de platitos humeantes. Entre ellos se encontraba este guiso de rendang, que me pareció de lo más rico.

PREPARACIÓN

1. Salpimienta las carrilladas. En una olla, pon aceite y fríe unos 30 s a fuego suave las vainas de cardamomo, los clavos, el anís y la canela. Añade la pasta de especias y sofríe unos 10 min, hasta que el aceite se separe y pierda el olor a crudo. El color de la pasta debe oscurecerse bastante.

2. Añade la carne y mezcla bien. Refríe unos 5 min.

3. Moja con la leche de coco mezclada con agua y deja cocer a fuego suave unas 2 h, hasta que la carne esté muy tierna. Agrega más agua si quedara seco.

4. Sazona con sal, azúcar y soja oscura. Incorpora el kerisik, las hojas de lima, el lemongrass y el tamarindo. Permite que siga cocinándose otra ½ h, hasta que todo esté bien infusionado.

5. Según el modo tradicional, el guiso tiene que quedar bastante seco, aunque yo lo prefiero con salsa suficiente. Se sirve con arroz blanco y encurtido de piña.

INGREDIENTES

400 g de contramuslos de pollo troceados,
sin piel ni hueso

La marinada

1 cda. de vino chino

1 cdta. de maicena

sal

pimienta

1 chalota troceada (unos 20 g)

2 ajos picados

2 cdtas. de taucheo aplastadas
(judías de soja fermentadas); unos 20 g

5 setas shiitake rehidratadas
(reserva el líquido)

1 brote de bambú pequeño,
de unos 80 g, troceado

2 cebolletas chinas troceadas

1 cdta. de salsa de soja oscura

1 cda. de salsa de soja clara

1 cdta. de azúcar de palma

½ cdta. de polvo de 5 especias

1 pieza de anís estrellado

1 trozo pequeño de canela

sal

1 cda. de aceite

AYAM PONGTEH

Pollo en olla de barro con bambú, setas y judías fermentadas

👤 2 personas

La «cocción en rojo» es una de las técnicas básicas de la cocina china. Se prepara estofando algún tipo de carne en salsa de soja aromatizada con polvo de 5 especias, anís estrellado y canela. El resultado es un guiso denso, dulzón y muy oloroso. Aunque puede emplearse una cazuela metálica, te recomiendo que uses una de barro; son perfectas para hacer cocciones prolongadas.

Esta es una de las recetas típicas de los nonya de Malacca. El secreto para que quede deliciosa radica en no olvidar los tres ingredientes clave: judías fermentadas, setas shiitake y polvo de 5 especias. Esta trinidad le dará profundidad y sabor al plato. Si no encuentras brotes de bambú o te parecen demasiado fuertes, sustitúyelos por patata. En esta receta yo empleo pollo sin hueso, pero también caldo. Si no tienes este último, entonces es mejor que uses pollo sin deshuesar, para que la salsa tenga más cuerpo.

PREPARACIÓN

1. Salpimienta el pollo y marínalo con el vino y la maicena. Déjalo reposar 20 min.

2. Quítales el pie a las shiitake y pártelas por la mitad.

3. En un mortero, haz una pasta con la chalota y los ajos. Pon el aceite en una cazuela y fríe la pasta hasta que comience a dorarse, pero con cuidado de que no se queme. Añade las judías y sofríe otros 2 min.

4. Incorpora el pollo y mezcla bien. Deja que se dore. Agrega las setas, el bambú, la cebolleta, las salsas de soja, el polvo de 5 especias, el anís estrellado y la canela.

5. Moja con el agua que has reservado al rehidratar las setas (y algo más si fuera necesario) hasta cubrir el pollo. Deja cocer a fuego moderado unos 20 min, hasta que todo esté tierno y la salsa haya reducido. Incorpora el azúcar y rectifica de sazón.

6. Se sirve con mucho arroz jazmín hervido, encurtidos y alguna salsa picante.

INGREDIENTES

1 pollo de 1,7 kg limpio

Para el caldo

2,5 l de agua

3 rodajas de jengibre

10 granos de pimienta

2 cebolletas chinas troceadas

½ puerro cortado en 3 trozos

1 zanahoria cortada en 3 trozos

1 y ½ cdtas. de sal

Para el arroz

200 g de arroz jazmín lavado y escurrido

1 hoja de pandan

1 cdta. de jengibre cortado en juliana fina

2 dientes de ajo picados

½ cda. de sal

400 g del caldo del pollo

Para servir

salsa de chicken rice (ver pág. 208)

pepino cortado en rodajas

cebolleta cortada en láminas

salsa de soja dulce

4 boles con caldo del pollo

HAINAN CHICKEN RICE

Pollo con arroz a la hainanesa

 4 personas

El pollo a la hainanesa o chicken rice *es un plato que se encuentra desde Saigón hasta Yakarta. La receta la crearon emigrantes de la isla de Hainán que se establecieron en Malasia y Singapur a finales del siglo XIX. Hoy se considera un plato nacional en ambos países, con variantes y nombres diferentes en todo el sur de Asia. Es un plato de una sencillez extrema: pollo hervido con arroz cocinado en su caldo y una salsa de guindillas y jengibre. Pero tras esta apariencia se esconde una receta deliciosa, llena de matices y, como todo plato sin complicaciones, difícil de preparar bien.*

El secreto reside en cocinar el pollo manteniéndolo jugoso; para eso el ave debe sumergirse en agua caliente en lugar de hervirse. También es básico que el arroz esté bien sazonado, suelto y cocinado con el caldo del pollo.

PREPARACIÓN

1. Saca el pollo de la nevera 3 h antes de cocinarlo, para que se temple. En una olla, pon el agua a hervir con los ingredientes del caldo. Cuando comience a hervir, introduce el pollo y, cuando entre en ebullición de nuevo, retira del fuego. Tapa la olla y deja 1 h y ¼ reposando.

2. Retira el pollo. Comprueba si está cocinado introduciendo una aguja en la pechuga. Si el líquido sale claro, está bien cocinado. Déjalo enfriar unos 20 min.

3. Para preparar el arroz, remójalo 20 min en agua fría. Escúrrelo bien. Pon una olla al fuego con el aceite y fríe el ajo y el jengibre hasta que tomen color. Añade el arroz, la hoja de pandan y la sal, y sofríe un par de minutos. Moja con el caldo y deja a fuego fuerte hasta que evapore todo el líquido. Entonces, tapa y baja el fuego. Deja 10 min al mínimo. Pasado este tiempo, destapa y esponja.

4. Para montar el plato, separa las pechugas y los contramuslos del pollo. Deshuésalos y aplástalos ligeramente con la parte plana del cuchillo. Corta en láminas de un dedo de ancho. En cada plato, pon una porción de arroz y, encima, láminas de pollo, cebolleta y unas gotas de salsa de soja dulce. Sirve con pepino, salsa de guindillas para chicken rice y un bol con caldo de pollo.

INGREDIENTES

1 pieza de panceta de cerdo,
de unos 400 g, partida en 4

1 cda. de azúcar de palma

4 ajos sin pelar y ligeramente machacados
con la parte plana del cuchillo

4 cebolletas chinas troceadas

1 pieza de anís estrellado

1 rama pequeña de canela

½ cdta. de polvo de 5 especias

3 cdas. de salsa de soja clara

1 cda. de salsa de soja oscura

15 bolitas de pimienta negra
ligeramente majadas

aceite

agua

huevos duros, setas shiitake o tofu frito
(opcional)

TAU YEW BAK

Panceta guisada en «rojo»

 2 personas

Tau Yew Bak significa «cerdo braseado en salsa de soja» en hokkien y es un plato clásico de la cocina china casera.

Pasé mucho tiempo en Penang con mis amigos chinos, entre ellos Jos, un cocinero maduro y parrandero. Para él, esta receta era sagrada. «Puedo comerme tres boles seguidos», decía. Tenía cuatro teorías básicas sobre el guiso: la primera, se debe emplear un trozo grande de panceta, con al menos tres franjas de magro, y debe trocearse solo al final. Segunda, el cerdo solo es muy soso y tiene que ir acompañado por tofu o huevos duros, los preferidos de su esposa. Tercera, es fundamental añadir mucho ajo y pimienta ligeramente rotos. Y cuarta y última, el gran secreto que solo reveló cuando empezamos la segunda botella de Chivas: añadir el agua cuando la carne haya absorbido casi toda la salsa de soja; solo así cogerá sabor o, de lo contrario, quedará muy watery.

PREPARACIÓN

1. Blanquea la panceta en agua hirviendo durante 2 min. Retira y seca bien. Tira el agua.

2. Pon 1 cucharada de agua en una olla y, cuando esté caliente, añade el azúcar. Mueve hasta que comience a caramelizarse. Entonces, incorpora la panceta y mezcla.

3. Agrega los ajos, las cebolletas, el anís, la canela, el polvo de 5 especias, las dos salsas de soja y los granos de pimienta. Junta y permite que la panceta absorba el líquido durante unos 5 min. Moja con agua para cubrir la carne y deja cocer a fuego lento hasta que esté muy tierna, unas 2-3 h. Ve incorporando más agua a medida que lo necesite.

4. Retira la panceta del guiso y deja enfriar. Cuando la salsa esté fría, quita la grasa sobrante. Trocea la panceta en dados.

5. Vuelve a calentar la salsa. Rectifica la sazón y sirve muy caliente sobre la panceta. Acompaña con arroz blanco.

6. Si quieres, puedes completarlo con un par de huevos duros: cuécelos durante 8 min, pélalos y añádelos a la cazuela en los 8 últimos min de cocción. También puedes poner setas shiitake o pedazos de tofu frito.

INGREDIENTES

1 buey de mar hervido de aprox. 1 kg

1 cda. de pimienta negra en grano,
de buena calidad

1 cda. de ajo muy picado

½ cda. de jengibre muy picado

½ cda. de cebolla roja muy picada

6 cebolletas chinas troceadas

La salsa

2 cdas. de vino chino

1 cda. de salsa de ostras

1 cda. de salsa de soja clara

½ cdta. de salsa de soja oscura

1 y ½ cdtas. de azúcar de palma

¼ de cdta. de sal

2 cdas. de agua

1 cda. de aceite vegetal mezclado
con ½ cda. de mantequilla

BLACK PEPPER CRAB

Buey de mar salteado a la pimienta negra

 2 personas

Esta receta la crearon los cocineros del Long Beach Seafood Restaurant en el Singapur de los años cincuenta. Es el hermano desconocido del Chily Crab, aunque para mí es un plato más redondo, aromático y picante.

Kuala Lumpur me da pereza. El ayuntamiento decidió que para qué iban a tener una ciudad habitable si podían construir algo moderno y lleno de centros comerciales, pasos elevados y autopistas. Y, ya puestos, se dedicaron a levantar miles de rascacielos y a sepultar bajo el cemento todo lo que había de humano y tradicional. Aun así, reconozco que siempre acabo disfrutándola.

Un día fui a Jalan Alor, una calle con fama de tener buen marisco, y uno de los restaurantes me llamó la atención por el olor delicioso que salía de sus fogones, así que me senté y pedí un cangrejo a la pimienta negra. Et voilà!, *acerté. Pocas veces he disfrutado tanto un plato. Es de esos momentos en que quieres deleitarte con cada bocado y te demoras saboreando y siendo feliz. Creo que me pasé 2 horas allí sentado. Terminé gordo e iluminado, con los dedos pringosos y la cara oliéndome a pimienta.*

PREPARACIÓN

1. Retira la cola y el caparazón del cangrejo y limpia bien la parte gris y esponjosa que está encima de las patas. Parte el cangrejo en dos, separa las pinzas y luego divide cada porción del cuerpo en dos pedazos. Rompe ligeramente las pinzas y las patas con la mano de un mortero para que la salsa pueda penetrar en la carne.

2. En un wok, tuesta en seco la pimienta. Cuando empiece a desprender su aroma, retíralo y muélela en un mortero. No hagas un polvo demasiado fino, deja trozos grandes.

3. Calienta el aceite y la mantequilla en un wok y saltea el ajo, el jengibre y la cebolla. Hazlo a fuego suave, para que no se quemen.

4. Cuando comiencen a dorarse, sube el fuego y añade la salsa y la pimienta. Mezcla bien y, cuando comience a hervir, introduce las piezas de cangrejo y la cebolleta. Sube el fuego y saltea durante 2 min, mezclando y napando bien las pinzas y las patas. Ha de quedar una salsa espesa y de color bastante oscuro.

5. Sirve con arroz blanco, una cerveza helada y muchas servilletas para limpiarte.

INGREDIENTES

4 filetes de raya de unos 250 g cada uno
(o filetes de un pescado sabroso,
como la dorada, ...)

sal

pimienta

aceite

guindillas frescas rojas y verdes

lima

cilantro fresco

hojas de plátano

2 cdas. de aceite

El sambal

200 g de rempah básica (ver pág. 201)

15 g de tamarindo fresco disueltos
en 100 ml de agua

20 g de azúcar de palma

1 cda. de salsa de pescado

sal

IKAN PARI BAKAR

Raya a la plancha en hoja de plátano

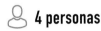 4 personas

La raya es un pescado popular y muy consumido en toda Asia. Se trata de una variedad más pequeña que la europea y, además, bastante barata. Es muy jugosa y perfecta para asar a la parrilla. En esta receta, el pescado se adoba con un sambal picante y dulzón antes de cocinarse envuelto en hoja de plátano. El resultado es espectacular.

Siempre que viajo por Malasia procuro comerla y comparar lugares. Sin duda, la más rica que probé fue en Medan Portuguis, el pequeño asentamiento «kristang» que hay al sur de Malacca. En sí mismo, el lugar ya es especial: un barrio de pescadores, con casitas de madera, donde la gente todavía habla un antiguo dialecto portugués. En el restaurante D'Acosta pasé una tarde genial charlando con la familia que lo regenta. Una de sus especialidades es este plato, aunque ellos, orgullosos de su herencia, aún lo llaman pesce asadu *a la portuguesa. Lo preparan con raya, pero también con pescados más pequeños e incluso con almejas, calamares o gambas.*

PREPARACIÓN

1. Pon una cazuela al fuego y añade el aceite. A fuego suave, cocina la rempah unos 20 min, hasta que pierda gran parte del líquido. Mueve con frecuencia y ve agregando cucharadas de agua para evitar que se pegue. La pasta debe oscurecerse y el olor a crudo, desaparecer. Sazona con tamarindo, azúcar, salsa de pescado y sal. Prueba la sazón y retira del fuego. Deja enfriar.

2. Salpimienta los filetes de raya. Selecciona cuatro hojas de plátano lo bastante grandes para que puedan envolver, cada una, una pieza. Acomoda cada filete en una hoja y aplica sambal para cubrir una de las caras.

3. Calienta una plancha y pon unas gotas de aceite. Cuando esté caliente, pon una hoja de plátano con la raya en contacto con la parte que tiene el sambal cocinándose. Tapa el pescado. Deja que se cocine unos 5 min, hasta que esté dorado. Destapa, aplica sambal en la cara que no tenía y dale la vuelta al pescado. Vuelve a tapar y deja otros 5 min o hasta que esté cocinado y tostado.

4. Sirve en la misma hoja con un poco de sal Maldon, lima, unas rodajas de guindilla y cilantro por encima.

INGREDIENTES

500 g de chipirones limpios

La salsa

100 g de rempah básica cruda
(ver pág. 201)

1 cdta. de hinojo

½ cdta. de comino en grano

½ cdta. de fenogreco

1 rama pequeña de canela

3 vainas de cardamomo verdes

1 anís estrellado

10 hojas de curry

20 g de pasta de tomate

2 cdas. de polvo de curry malayo
(ver pág. 203)

1 cda. (7 g) de polvo de chile khasmiri
(menos picante que el normal,
puede sustituirse por pimentón)

100 ml de leche de coco mezclados
con 400 ml de caldo de pescado

2 cdtas. de salsa de pescado

2 cdtas. de azúcar

sal

3 cdas. de agua de tamarindo (ver pág. 213)

8 okras pequeñas lavadas (unos 80 g)

2 tomates pera maduros cortados
en cuartos (unos 200 g)

cilantro fresco picado

chiles verdes pequeños y frescos
cortados en aros muy finos

lima

2 cdas. de aceite vegetal

GULAI SOTONG

Curry de chipirones de Nasi Kandar con okras y tomates

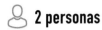 2 personas

El Maj es una modesta curry house de Penang que sirve cocina musulmana tamil desde hace más de cincuenta años. Me encanta por su cocina, pero también por lo honestos y amables que son los dueños y los trabajadores. La madre, que es la cocinera, se sienta cada mañana con un té en la mesa que preside la cocina y se dedica a recibir a sus amigas mientras da órdenes. Nada se mueve sin que la matriarca lo sepa y nada se termina sin que lo pruebe y dé su visto bueno. Lo genial es que la cocina es el propio comedor, con lo cual puedes asistir a este teatro divertido y familiar cada día.

Si hay algo que me trastorna del Maj es su curry de chipirones. Este plato es muy tradicional en los restaurantes musulmanes del sur de la India. Se cocina de un modo similar al guiso de cabeza de pescado; es decir, con una salsa cremosa y poco picante, acompañada de okras y tomates.

PREPARACIÓN

1. Mezcla el polvo de curry y el de chile con 4 cucharadas de agua.

2. Pon un par de cucharaditas de aceite en una cazuela. A fuego suave, fríe las especias secas y las hojas de curry unos segundos. Ten cuidado de que no se quemen. Añade la rempah y sofríe unos 10 min, hasta que el aceite comience a subir a la superficie.

3. En ese momento, incorpora las especias mezcladas con agua y la pasta de tomate. Sigue sofriendo a fuego moderado hasta que todo esté bien ligado y deje de oler a crudo. Sabremos que está cocinado cuando el aceite comience a subir de nuevo a la superficie.

4. Moja con la leche de coco y el caldo, y deja hervir unos 20 min. Sazona con la salsa de pescado, azúcar y sal.

5. Incorpora el agua de tamarindo y un poco de cilantro fresco, mezcla y deja cocer otros 5 min, hasta que la salsa haya espesado y haya aceite flotando en la superficie.

6. Pon las okras y, cuando lleven cocinándose 3 min, añade los tomates. Deja otro par de minutos; queremos que las okras estén cocinadas pero crujientes y los tomates, enteros.

7. Añade los chipirones, cubre con la salsa y deja cocer 2 min. Ten cuidado de que no se pasen o se pondrán correosos. Decora con más cilantro y chiles verdes. Sirve con pan indio y gajos de lima.

INGREDIENTES

160 g de noodles de huevo secos

Los wontons (salen unos 10)

100 g de langostinos pelados y desvenados

50 g de carne picada de cerdo

½ cebolleta china muy picada

¼ de cdta. de ajo frito en aceite

¼ de cdta. de jengibre muy picado

½ cdta. de salsa de soja clara

½ cdta. de salsa de ostras

½ cdta. de aceite de sésamo

½ cdta. de huevo batido

sal

1 pizca de azúcar

pimienta negra molida

hojas de masa wonton

La sazón de los noodles

2 cdtas. de salsa de soja clara

2 cdtas. de salsa de soja dulce

1 cdta. de salsa de ostras

1 cdta. de ajo frito en aceite

unas gotas de aceite de sésamo

pimienta blanca molida

2-3 cdtas. de agua de hervir los noodles

Los acompañamientos

10 lonchas finas de cerdo Char Siu
(ver pág. 214)

los 10 wontons

4 ramas de kailán o espinacas

cebolla frita

cebolleta china troceada

pimienta blanca molida

chiles en vinagre y sambal Blachan
(ver pág. 211)

WONTON MEE

Noodles de trigo con wonton de langostinos y cerdo asado

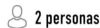 2 personas

Wonton mee es el nombre de la versión «seca» de la sopa de wonton, un plato de origen cantonés muy popular en el sudeste de Asia. Es una receta muy sencilla: noodles servidos con wontons de langostinos y láminas de cerdo asado y kailán. Se la conoce con otros nombres, pero el que más me gusta es tok tok mee. Parece ser que antiguamente los vendedores de noodles callejeros recorrían Penang haciendo sonar dos palos de bambú para avisar de su llegada al vecindario. Con el tiempo, los niños se acostumbraron a este sonido y comenzaron a llamarlos «noodles tok tok». Todavía hoy los mayores recuerdan con cariño los viejos tiempos, cuando un sonido lejano los avisaba de la llegada de su plato favorito.

Cuando llegué a Malasia, todo me pareció un horror, rascacielos y desarrollo desaforado por todas partes que sepultaban los campos y la tradición. En Penang encontré un remanso de paz, pues estaba lleno de arte, viejos negocios y vecinos amables. Me alojé en una pensioncita de Love Lane y me pasé semanas con la boca abierta. La buena fortuna quiso que, justo debajo de mi cuarto, hubiera un vendedor que preparaba los mejores wonton mee que he probado nunca.

PREPARACIÓN

1. Blanquea el kailán en agua hirviendo 1-2 min, según lo crujiente que te guste la verdura. Escurre y reserva.

2. Prepara el relleno de los wontons mezclando bien todos los ingredientes. Corrige de sazón. Deja reposar unos 20 min. Rellena las hojas de masa y ciérralas con forma de saquito. Reserva.

3. Hierve los noodles hasta que estén al dente. Escúrrelos bien. Ponlos en un bol y sazona con su salsa. Rectifica la sazón si fuera necesario.

4. Cocina los wontons en agua hirviendo unos 3 min. Saca y escurre bien el agua.

5. Monta el plato. Pon los noodles en el centro y ve colocando encima las rodajas de cerdo, los wontons hervidos y el kailán. Añade por encima algo de ajo frito en aceite, cebolla frita, cebolleta picada y un toque de pimienta blanca. Sirve con chiles en vinagre por encima y sambal Blachan.

INGREDIENTES

60 g de noodles de arroz planos anchos

1 cdta. de salsa de soja clara

1 cdta. de salsa de soja oscura

unas gotas de aceite de sésamo

2 cdas. de aceite

La salsa

3 chipirones pequeños, limpios, secos y troceados en aros

60 g de magro de cerdo cortado en lonchas muy finas

1 ajo picado fino

2 ramas de kailán limpias

2 cebolletas chinas troceadas

250 ml de caldo de pollo

1 cdta. de salsa de ostras

1 cdta. de salsa de soja clara

½ cdta. de azúcar

pimienta blanca

2 cdtas. de maicena disueltas en 2 cdas. de agua fría

chiles en vinagre troceados

CHAR HOR FUN

Noodles en salsa gelatinosa con cerdo y chipirones

 1 persona

Este es uno de los platos de noodles más populares de Penang y tiene versiones similares en otros lugares del sudeste de Asia. En este caso, los fideos no se saltean con los demás ingredientes, sino que se sofríen primero y después se cubren con una salsa espesada con maicena. Es muy importante servir al lado un cuenquito de chiles en vinagre y salsa de soja, para darles un poco de fuerza a los noodles.

Cuando llegué a Kuala Lumpur pensé que sus habitantes eran secos, pero estaba equivocado. Eran serios, pero también amables. Quizá por timidez, al principio se mantenían reservados, sin embargo, a la menor oportunidad, esbozaban una sonrisa. Un día conocí a Steve, un hombre que acababa de abrir un restaurante en Chinatown y estaba intentando salir adelante. Hicimos buenas migas. Trataba de cocinar con buenos ingredientes y siempre respetando la tradición. No tenía el menor reparo en que me sentara cerca del wok y tomara notas mientras cocinaba. Esta es su receta.

PREPARACIÓN

1. Blanquea el kailán en agua hirviendo durante 1 min y escurre.

2. Hierve los noodles hasta que estén al dente y escurre. Pon el wok al fuego y, cuando comience a humear, añade 1 cucharada de aceite. Saltea a fuego fuerte los noodles hasta que estén ligeramente tostados y sazona con la soja clara, la oscura y el aceite de sésamo. Si se pegan, moja con algo de caldo. Retira y reserva.

3. Limpia el wok, vuelve a ponerlo al fuego y pon la otra cucharada de aceite. Saltea a fuego fuerte los chipirones y el magro. Hazlo muy ligeramente, para que queden sellados pero jugosos. Retira y reserva.

4. Con el aceite que haya quedado en el wok, sofríe el ajo picado a fuego suave. Cuando esté dorado, sube el fuego, incorpora el kailán y las cebolletas, y saltea un par de minutos. Moja con el caldo y deja hervir 2 min. Reincorpora los chipirones y el magro, y sazona con la salsa de ostras, la de soja, el azúcar y la pimienta. En el último minuto, agrega la maicena disuelta y da un hervor hasta que espese y quede gelatinosa. Rectifica de sazón.

5. Sirve la salsa sobre los noodles y cómelo con los chiles en vinagre por encima.

INGREDIENTES

Para el arroz

150 g de arroz largo o jazmín

50 ml de leche de coco mezclados
con 300 ml de agua

½ cdta. de sal

1 rodaja de jengibre pelada
y cortada en juliana

1 ajo pequeño picado

1 hoja de pandan

1 cdta. de aceite

Los acompañamientos

1 pepino cortado en rodajas finas

2 cdas. colmadas de sambal Tumis
(ver pág. 211)

1 huevo cocido, pelado y partido por la mitad

50 g de cacahuetes crudos

50 g de boqueroncitos secos
(en los congelados de los súper asiáticos)

NASI LEMAK

Arroz con leche de coco y sus «acompañamientos»

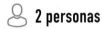

2 personas

Nasi Lemak significa «arroz enriquecido» y es uno de los platos nacionales de Malasia. La versión más humilde se sirve por lo menos con cacahuetes tostados, huevo duro, pepino y una cucharada de boquerones secos fritos con sambal. Es el desayuno preferido de millones de malayos.

En Penang hay muchos lugares donde comer un buen Nasi Lemak, pero pocos tan populares y especiales como el puesto de Ali. Abre a las 7 de la mañana y durante 3 horas en ningún momento deja de tener una cola de 20 metros de oficinistas esperando para desayunar. ¿Su secreto? Ser amable, eficiente y, sobre todo, ofrecer un producto delicioso a menos de 40 céntimos. Con la ayuda de dos familiares, va disponiendo el arroz y los demás ingredientes sobre las hojas de plátano y cerrando los paquetes según la demanda de sus clientes.

Los ingredientes y sabores de esta receta tienen mucha importancia porque, al cocinar el arroz, si la leche de coco es demasiado densa, se formará un engrudo. No olvides poner la hoja de pandan, que le aporta un aroma inconfundible, e incluye los acompañamientos que más te gusten.

PREPARACIÓN

El arroz

1. Lava el arroz bajo el grifo hasta que el agua salga clara. Escúrrelo bien.

2. En una olla de fondo grueso, calienta el aceite y sofríe a fuego suave el ajo y el jengibre. Cuando estén dorados, añade el arroz y el pandan. Sálalo y mezcla bien.

3. Añade el líquido y deja hervir a fuego medio. Cuando el agua haya desaparecido, baja el fuego al mínimo, tapa y deja cocer 10 min.

4. Retira del fuego y destapa. Esponja los granos con una paleta de madera.

Para montar el plato

1. En una sartén con abundante aceite, fríe los boquerones hasta que estén dorados. Retíralos y escurre el exceso de aceite. Haz lo mismo con los cacahuetes. Mezcla y sala.

2. En el centro del plato, pon una porción de arroz. Se sirve con unas rodajas de pepino, una cucharada de sambal, medio huevo duro y dos cucharadas de la mezcla de boquerones y cacahuetes.

INGREDIENTES

250 g de espinacas de agua (o cualquier otra
verdura asiática, como el kailán o el pak choi)

4 langostinos pelados y desvenados

2 ajos

2 chiles rojos ojo de pájaro
(sin semillas ni pepitas si no te va el r&r)

2 cdtas. de pasta de gambas o blachan

agua

sal

1 cda. de aceite

KANKUNG BLACHAN

Espinacas de agua salteadas con pasta de gambas y langostinos

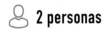 2 personas

El kankung o «espinaca de agua» es una planta que crece en estanques y lagos del sur de Asia. Se consume en abundancia porque se cocina muy rápido, es crujiente y rica. En esta receta se acompaña con pasta de gambas. Puede parecer una mezcla extraña, pero es uno de los platos caseros preferidos a lo largo de toda Asia.

El blachan es una pasta fermentada de gambas de olor fuerte y sabor profundo a mar. Recién abierta tiene un olor desagradable, pero, si se tuesta, el aroma se parece al de las gambas a la plancha. En la receta he añadido unos langostinos, igual que hacen en el maravilloso restaurante Teksen de Penang.

He comido muchas veces esta receta, aunque las dos que recuerdo fueron diametralmente opuestas. La primera, agradable, en casa de mi amigo Pang, en Penang. Para él era comida diaria preparada por su madre, que la hacía de manera deliciosa. La segunda, horrible, en la peor clase de cocina en la que he estado en mi vida, y han sido muchas. El guarro que la impartía se llamaba Roselán. Contraté una clase de cocina malaya en su casa, pero lo único que aprendí fueron recetas mal preparadas en una cocina que se caía de roña. Me da fatiguita recordarlo.

PREPARACIÓN

1. En una sartén seca, tuesta 3-4 min el blachan a fuego muy suave; se desmenuzará hasta perder el olor fuerte a pescado y pasará a tener un aroma parecido al de unas gambas fritas. Reserva.

2. Lava y trocea las espinacas de agua. Escúrrelas bien.

3. Pica los ajos y los chiles, introdúcelos en un mortero junto con el blachan y reduce a una pasta gruesa.

4. Pon el aceite en un wok y, a fuego suave, sofríe la pasta hasta que desprenda aroma, en torno a 2-3 min. Ten cuidado de que no se queme.

5. Sube el fuego e incorpora los langostinos. Cuando estén rosados, agrega las espinacas. Saltea mezclando bien la pasta con la verdura. Cuando las espinacas hayan comenzado a ablandarse, moja con un par de cucharadas de agua y continúa hasta que estén tiernas pero aún crujientes.

6. Rectifica de sal y sirve con mucho arroz hervido y algún otro plato.

RECETAS BÁSICAS

CALDOS

Ingredientes

1 pollo de 1,3 kg cortado en porciones, limpio y sin piel (para más sabor, poner algo de gallina).

½ puerro limpio y pelado

2 cebolletas chinas limpias y cortadas en 3

1 zanahoria pelada y partida en 3

2 ajos pelados enteros

3 rodajas finas de jengibre, unos 6 g

2,5 l de agua fría

1/2 cdta. de sal

8 granos de pimienta

Ingredientes

1 kg de espinas y cabezas de pescado (cualquier pescado blanco no demasiado graso como merluza, rape, lubina, pargo...)

1 zanahoria pelada y picada en trozos pequeños

1 puerro picado

1 tomate pera maduro, pelado y partido en 4

2 ajos pelados y un poco aplastados

1 trozo pequeño de apio picado

4 cebolletas chinas limpias y troceadas

4 rodajas de jengibre pelado, unos 8 g

10 granos de pimienta

1 rama de cilantro fresco

2 cdas. de aceite

1,5 l de agua

CALDO DE POLLO

Preparación

1. Pon todos los ingredientes en una olla exprés con agua fría. Lleva a ebullición suavemente, sin que salgan borbotones, y espuma. Deja unos 20 min, hasta que el caldo esté limpio de impurezas.

2. Tapa la olla y deja hervir al mínimo durante 1 h desde que empiece a salir el vapor.

3. Retira del fuego y deja enfriar. Abre y cuela. Cuando esté frío, mete en la nevera y, al día siguiente, desgrasa.

4. Nota: Puedes hacer un caldo de vaca cambiando el pollo por huesos de rodilla, tuétano y carne de morcillo o falda. Primero, sumerge los huesos en agua fría 1 h, para que se desangren; después, sigue el mismo proceso.

CALDO BÁSICO DE PESCADO

Preparación

1. Limpia bien las espinas para que el caldo sea claro y sin sabores raros. Retira cualquier resto de agalla o tripa bajo el grifo y, después, sumerge en agua fría durante 1 h.

2. Prepara una cazuela amplia y pon a calentar el aceite. Comienza sofriendo 5 min las verduras, excepto el cilantro y la pimienta. Incorpora las espinas y sigue otros 2 min.

3. Moja con agua y añade el cilantro y la pimienta. Deja que hierva a fuego fuerte y ve retirando la espuma que suba a la superficie. Cuando esté claro, baja el fuego y deja hervir suavemente 20 min.

4. Retira del fuego y cuela con un colador.

5. Nota: Siguiendo el mismo proceso, puedes hacer un caldo de gambones. Sustituye las espinas de pescado por cabezas y cáscaras de gambas y gambones.

PASTAS DE CURRY

Todas las pastas de curry se conservan tapadas al menos 2 semanas en la nevera. Si tienes de sobra, lo mejor es que las congeles usando una bandeja de cubitos de hielo que solo destines para eso. Cuando estén congeladas, trasládalas a una bolsa zip.

KROEUNG VERDE

Para unos 140 g

Ingredientes

50 g de cebolla roja picada

3 ajos picados

6 rodajas de galanga picadas, unos 15 g

3 tallos de lemongrass sin la parte exterior, picados muy finamente

1 cda. de tallos de cilantro picados, unos 7 g

2 raíces de cilantro limpias y picadas, unos 10 g, o la misma cantidad de tallos de cilantro

4 hojas de lima kaffir picadas muy finamente

½ cdta. de sal

Preparación

1. Pica muy finamente todos los ingredientes.

2. Pon en un procesador o en el vaso de una batidora eléctrica. Reduce a puré fino.

KROEUNG AMARILLO

Para unos 115 g

Ingredientes

1 chile ojo de pájaro picado, unos 3 g

50 g de cebolla roja picada

3 ajos picados

6 rodajas de galanga picadas, unos 15 g

3 tallos de lemongrass sin la piel exterior

6 hojas de lima kaffir en juliana muy fina, sin la tira central

1 trozo de cúrcuma fresca de unos 4 cm picada (si no encuentras cúrcuma fresca, sustitúyela por 1 cdta. de cúrcuma en polvo)

½ cdta. de sal

Preparación

1. Pica muy finamente todos los ingredientes.

2. Pon en un procesador o en el vaso de una batidora eléctrica. Reduce a puré, añadiendo algo de aceite o agua si fuera necesario.

Ingredientes

3 chiles verdes grandes, unos 75 g

10 chiles verdes pequeños indios, unos 50 g en total

40 g de cebolla roja

3 ajos

8 rodajas de galanga, unos 20 g

2 tallo de lemongrass, retira la parte blanca exterior

3 raíces de cilantro limpias, unos 15 g, o la misma cantidad de tallos de cilantro

4 hojas de lima kaffir

½ cdta. de pasta de gambas

½ cdta. de sal gruesa

1 cdta. de coriandro en grano

1 cdta. de comino en grano

1 cdta. de pimienta blanca en grano

GAENG KHIAW WAAN

(Pasta de curry verde)

Para unos 250 g

Preparación

1. En una sartén, tuesta la pasta de gambas en seco, hasta que se desmenuce y pierda el olor tan fuerte.

2. Tuesta en seco el coriandro, el comino y la pimienta en una sartén. Hazlo durante un par de minutos, sin que tomen color. Ponlo en un molinillo de especias y reduce a polvo.

3. Trocea el resto de los ingredientes lo más finamente posible. Pon todos los ingredientes, excepto las especias, en el vaso de una batidora eléctrica y tritúralos hasta que quede una pasta lo más fina posible.

4. Incorpora el polvo de las especias y mezcla bien.

Ingredientes

6 chiles rojos secos, grandes y sin las pepitas, unos 20 g

2 chiles rojos grandes y frescos, unos 50 g (retira las pepitas si lo quieres menos picante)

60 g de cebolla roja

2 ajos

6 rodajas finas de galanga, unos 15 g, o la misma cantidad de jengibre fresco

2 tallos de lemongrass, con la capa blanca exterior retirada

2 raíces de cilantro, unos 10 g, o la misma cantidad de tallos de cilantro fresco

2 hojas de lima kaffir picadas

1 cdta. de pasta de gambas

½ cdta. de sal gruesa

1 cdta. de coriandro en grano

1 cdta. de comino en grano

1 cdta. de pimienta negra en grano

GAENG PHET

(Pasta de curry rojo)

Para unos 200 g

Preparación

1. En una sartén a fuego suave, tuesta la pasta de gambas en seco, hasta que pierda el olor fuerte.

2. Tuesta las especias secas en una sartén sin aceite. Hazlo a fuego muy bajo, hasta que comiencen a desplegar su aroma, pero teniendo cuidado de no quemarlas. Muélelas en un molinillo y reserva.

3. Haz lo mismo con los chiles secos, tuesta hasta que estén ligeramente tostados y aromáticos. Deja enfriar y muele en el molinillo.

4. Trocea el resto de los ingredientes lo más finamente posible. Pon los chiles frescos, la cebolla, el ajo, la galanga, el lemongrass, la lima kaffir y el cilantro en el vaso de una batidora eléctrica y tritúralos hasta que quede una pasta fina.

5. Incorpora las especias, las guindillas secas, la pasta de gambas y la sal, y mezcla bien.

Ingredientes

8 chiles secos, grandes y sin las pepitas,
unos 25 g

60 g de cebolla roja

4 ajos pelados

6 rodajas de galanga, unos 15 g

2 tallos de lemongrass

2 raíces de cilantro bien limpias, unos 10 g,
o la misma cantidad de tallos

2 hojas de lima kaffir picadas

½ cdta. de pasta de gambas

½ cdta. de sal

1 y ½ cdta. de coriandro en grano

½ cdta. de comino en grano

1 cdta. de pimienta negra en grano

2 clavos

2 vainas de cardamomo

1 ramita pequeña de canela

Ingredientes

1 chile rojo fresco, grande, sin pepitas y troceado,
unos 25 g

3 chiles rojos secos, grandes y sin pepitas,
unos 10 g

50 g de cebolla roja troceada

2 ajos medianos troceados

4 láminas de galanga, unos 10 g,
o la misma cantidad de jengibre fresco

2 tallos de lemongrass picados finos

2 hojas de lima kaffir picadas muy finas

½ cdta. de pasta de gambas

½ cdta. de sal

1 cdta. de coriandro en grano

1 cdta. de comino en grano

1 cdta. de pimienta negra en grano

1 cardamomo verde

¼ de cdta. de cúrcuma en polvo
o 5 g de cúrcuma fresca

GAENG MASSAMAN

(Pasta de curry massaman)

Para unos 180 g

Preparación

1. En una sartén, tuesta la pasta de gambas en seco, hasta que se desmenuce y pierda el olor fuerte.

2. Tuesta en seco las especias en grano. Hazlo a una temperatura muy suave hasta que el aroma se haga más profundo. Retira y deja enfriar. Tuesta en una sartén seca los chiles secos con cuidado de que no se quemen. Deja enfriar.

3. Pon las especias y los chiles en un molinillo y reduce a un polvo fino.

4. Trocea finamente la cebolla, los ajos, la galanga, el lemongrass, la raíz de cilantro y la lima kaffir. Mete en el vaso de una batidora y reduce a puré.

5. Incorpora las especias al puré con los chiles, la sal y la pasta de gambas. Vuelve a mezclar hasta tener una pasta homogénea.

GAENG KHAO SOI

(Pasta de curry khao soi)

Para unos 150 g

Preparación

1. Tuesta en seco la pasta de gambas un par de minutos, hasta que cambie de color y se desmenuce.

2. En un molinillo, muele los chiles secos hasta que sean un polvo fino. En una sartén seca, tuesta ligeramente los granos de coriandro, comino y pimienta. Ponlo todo en el molinillo junto con la sal y el cardamomo, y reduce a polvo.

3. En el vaso de una batidora, pon los chiles frescos, la cebolla, los ajos, la galanga, el lemongrass y la lima kaffir. Tritura hasta que tenga la consistencia de un puré cremoso. Incorpora las especias, los chiles molidos y la pasta de gambas, y mezcla bien.

Ingredientes

6 chiles secos grandes y sin pepitas, unos 20 g

2 chiles rojos frescos, grandes y sin pepitas,
unos 50 g

100 g de cebolla roja

3 ajos

8 láminas de galanga, unos 20 g

2 tallos de lemongrass

½ cdta. de pasta de gambas

1 cdta. de sal

1 cda. de Garam Masala
(polvo tostado de especias)

HANGLAY GAENG

(Pasta de curry Hanglay)

Preparación

1. Trocea finamente todos los ingredientes.

2. Pon los chiles secos en un molinillo y redúcelos a un polvo fino.

3. Pon en el vaso de la batidora las cebollas, los ajos, la galanga, el lemongrass, los chiles frescos, la sal y la pasta de gambas, y tritúralos hasta tener una pasta lo más fina posible.

4. Al final, añade el polvo de los chiles secos y el Garam Masala, y mezcla bien.

Ingredientes

7 chiles rojos secos, sin pepitas y troceados,
unos 25 g

2 chiles frescos, grandes, sin pepitas y troceados,
unos 50 g

2 chiles rojos ojo de pájaro troceados, unos 5 g

25 g de cebolla roja picada

4 ajos pelados y troceados

½ cdta. de pasta de gambas

½ cdta. de sal

10 g de cúrcuma fresca o 1 cdta. en polvo

NAM PRIK GAENG SOM

(Pasta de curry ácido)

Para unos 150 g

Preparación

1. En una sartén tuesta la pasta de gambas en seco, hasta que se desmenuce y pierda el olor fuerte. Comenzará a oler a cabezas de gambas fritas.

2. En un molinillo de especias, reduce a polvo las guindillas secas.

3. En el vaso de una batidora, pon los chiles rojos, los frescos, los ojo de pájaro, la cebolla, los ajos y la cúrcuma fresca, y reduce a una pasta lo más fina posible. Incorpora las guindillas secas molidas, la pasta de gambas y la sal, y mezcla bien.

Ingredientes

6 chiles secos, sin pepitas y troceados, unos 20 g

3 chiles rojos frescos, grandes, sin pepitas
y troceados, unos 75 g

120 g de cebolla roja pelada y troceada

10 ajos pelados y picados, uno 40 g

5 tallos de lemongrass sin la capa exterior blanca
y laminados muy finamente

1 cdta. de pasta de gambas

1 cdta. de sal

10 g de raíz de cúrcuma fresca o 1 cdta. en polvo

1 cda. de aceite

Ingredientes

3 chiles secos y sin pepitas, unos 10 g

3 chiles frescos, grandes y sin pepitas ni venas,
unos 75 g

100 g de cebolla roja

1 ajo

4 rodajas finas de galanga, unos 10 g

1 tallo de lemongrass

4 nueces de vela o igual cantidad de almendras

1 cdta. de pasta de gambas

½ cdta. de cúrcuma en polvo

1-2 cdas. de agua de tamarindo (ver pág. 213)

REMPAH

(Pasta de curry malayo)

Para unos 290 g

Preparación

1. En una sartén, tuesta la pasta de gambas en seco, hasta que se desmenuce y pierda el olor fuerte.

2. Reduce a polvo los chiles secos en un molinillo de especias.

3. En un procesador, pon todos los ingredientes y reduce a puré fino.

PASTA PARA ASSAM LAKSA

Preparación

1. Tuesta la pasta de gambas en una sartén seca hasta que se desmenuce.

2. Muele los chiles secos en el molinillo de especias.

3. Trocea finamente todos los ingredientes de la pasta. Coloca los chiles frescos, la cebolla, el ajo, el lemongrass, la galanga, las nueces y el agua de tamarindo en el vaso de una batidora y reduce a puré. Incorpora el polvo de chiles secos, la pasta de gambas y la cúrcuma, y mezcla bien.

Ingredientes

3 chiles secos, grandes y sin pepitas, unos 10 g

3 chiles frescos, grandes y sin pepitas ni venas, unos 75 g

50 g de cebolla roja

3 ajos

4 rodajas de galanga, unos 10 g

4 rodajas de jengibre fresco, unos 10 g

2 tallos de lemongrass

1 cdta. de coriandro en grano

1 cdta. de comino en grano

½ cdta. de cúrcuma

PASTA PARA RENDANG

Preparación

1. Muele los chiles secos, el coriandro y el comino en un molinillo de especias hasta que obtengas un polvo fino.

2. Trocea todos los ingredientes de la pasta y haz un puré fino con una batidora. Incorpora las especias molidas y mezcla.

MEZCLAS DE ESPECIAS

Ingredientes

4 cdas. de coriandro en grano, unos 30 g

1 y ½ cdas. de comino en grano, unos 15 g

1 cda. de pimienta en grano, unos 10 g

1 cda. de hinojo en grano, unos 7 g

1 cdta. de fenogreco, unos 5 g

3 chiles rojos secos, grandes y sin pepitas, unos 10 g

una pieza de canela de unos 3 cm

3 vainas de cardamomo

3 clavos

1 cdta. de cúrcuma

CURRY MALAYO

Para unos 80 g

Preparación

1. Muele todas las especias juntas y guárdalas en un bote hermético.

2. Si prefieres un sabor más intenso, puedes tostarlas todas en una sartén, excepto la cúrcuma. Hazlo a fuego muy suave durante unos 5-10 min, hasta que desprendan un aroma intenso. Ten cuidado de que no se quemen. Deja enfriar y muélelas después.

Ingredientes

4 cdas. de coriandro en grano, unos 30 g

1 y ½ cdas. de comino en grano, unos 15 g

1 cda. de pimienta negra en grano, unos 10 g

½ cda. de hinojo en grano, unos 4 g

3 vainas de cardamomo

3 clavos de olor

1 trozo pequeño de canela

2 hojas de laurel

GARAM MASALA

Para unos 70 g

Preparación

1. Pon todas las especias en una sartén. Tuéstalas en seco, a fuego muy suave, durante unos 10 min, hasta que empiecen a desprender su aroma. Debes tener mucho cuidado de que no se quemen, porque amargarían. Retira del fuego y deja enfriar.

2. Pon en un molinillo y muele hasta tener un polvo muy fino.

ENCURTIDOS (O PICKLES)

Ingredientes

200 g de zanahoria pelada y rallada

200 g de daikon pelado y rallado

½ cda. de sal + ¾ de cdta. de sal, unos 5 g

40 ml de agua

60 ml de vinagre de arroz

1 cda. colmada de azúcar, unos 20 g

DO CHUA

(Encurtido de daikon y zanahoria)

Preparación

1. Sazona las verduras con ½ cucharada de sal y deja reposar unos 30 min para que suelten agua. Escurre y lava bajo el agua. Seca muy bien, apretando con las manos.

2. En una cazuela pon el agua, el vinagre, el azúcar y el resto de la sal. Calienta hasta que el azúcar se diluya. Deja enfriar.

3. Pon las verduras en un bote y apriétalas bien. Añade el líquido y cierra. Deja reposar un par de días antes de usar. Se mantiene unas dos semanas.

4. Nota: Al abrir el bote, puedes notar que el olor que desprende es muy fuerte; no te preocupes, es el aroma del daikon. Simplemente abre el bote con antelación y déjalo reposar unos minutos antes de comer.

Ingredientes

1 pepino mediano sin pelar, limpio y en láminas muy finas, unos 250 g

¼ de cebolla roja mediana en juliana muy fina (dejar ½ h en agua, para que pierda fuerza)

¼ de chile rojo grande en láminas finas

4 cdas. de vinagre de arroz, unos 45 g

2 cdtas. de azúcar, unos 8 g

¼ de cdta. de sal, unos 2 g

AJAT

(Encurtido de pepino tailandés)

Preparación

1. En un cazo, a fuego bajo, mezcla el vinagre, el azúcar y la sal hasta que estén disueltos. Retira y deja enfriar.

2. Junta el líquido con el pepino, la cebolla y el chile, y deja reposar 10 min antes de servir.

Ingredientes

150 g de piña pelada y troceada
en dados pequeños

½ cebolla roja pequeña en juliana muy fina
(dejarla en agua fría unos 30 min
para que pierda fuerza)

¼ de chile rojo grande y fresco laminado

4 cdas. de vinagre de arroz, unos 48 g

2 cdtas. de azúcar blanco, unos 8 g

¼ de cdta. de sal, unos 2 g

NANAS ACHAR

(Encurtido de piña)

Preparación

1. Mezcla el vinagre, el azúcar y la sal. Calienta hasta que estén bien disueltos.

2. Pon en un bol el resto de los ingredientes y junta con la mezcla de vinagre. Deja reposar unos 20 min antes de servir.

SALSAS

> ## Ingredientes
>
> 4 cdas. de salsa de pescado, unos 48 g
>
> 4 cdas. de zumo de lima, unos 48 g
>
> 4 cdas. de agua, unos 48 g
>
> 3 cdtas. colmadas de azúcar blanco, unos 20 g

SALSA DE BUN CHA

Preparación

1. Calienta el agua y disuelve el azúcar. Deja enfriar y mezcla con el resto de los ingredientes.

> ## Ingredientes
>
> 4 cdas. de salsa de pescado, unos 48 g
>
> 4 cdas. de zumo de lima, unos 48 g
>
> 4 cdas. de agua, unos 48 g
>
> 3 cdtas. colmadas de azúcar blanco, unos 20 g
>
> 1 chile ojo de pájaro muy picado
>
> 1 ajo pequeño muy picado

NUOC CHAM

(Salsa vietnamita para rollos y ensaladas)

Para unos 170 g

Preparación

1. Calienta el agua y disuelve el azúcar. Deja enfriar y mezcla con el resto de los ingredientes.

> ## Ingredientes
>
> 2 cdas. de salsa de pescado, unos 24 g
>
> 7 cdas. de agua, unos 84 g
>
> 3 cdtas. colmadas de azúcar moreno o blanco, unos 20 g
>
> ½ chile pequeño ojo de pájaro muy picado
>
> 1 ajo pequeño muy picado
>
> 1 cda. de cebolla roja troceada
>
> 1 raíz de cilantro o 1 cda. de ramas picadas, unos 5 g
>
> el zumo de ½ lima

SALSA KHMER PARA ENSALADA

Para unos 80 g

Preparación

1. En un mortero, maja el chile, el ajo, la cebolla y el cilantro hasta que obtengas una pasta gruesa.

2. En una sartén, diluye el azúcar con 2 cucharadas de agua hasta que obtengas un caramelo. Con cuidado, añade el resto del agua, la salsa de pescado y el majado. Mezcla bien y deja cocer a fuego suave 5 min. Si quedara muy espeso, agrega algo más de agua.

3. Retira y deja templar. Mezcla bien con el zumo de lima y reserva. Puedes mantenerlo una semana en la nevera.

Ingredientes

2 cdas. de salsa de pescado, unos 24 g

2 cdas. de zumo de lima, unos 24 g

2 cdtas. colmadas de azúcar blanco, unos 10 g

1 cda. de agua, unos 12 g

Ingredientes

15 g de tamarindo fresco mezclados con 60 ml de agua caliente

4 cdas. de azúcar de palma, unos 40 g

4 cdas. de agua, unos 48 g

5 cdas. de salsa de pescado, unos 60 g

Ingredientes

4 cdas. de salsa Worcestershire o 2 cdas. de salsa de soja, unos 48 g

el zumo de ½ lima

1 chile ojo de pájaro picado

1 cdta. de mostaza en polvo

1 cdta. de azúcar blanco, unos 4 g

SALSA DE ENSALADA THAI

Para unos 70 g

Preparación

1. Calienta el agua y disuelve el azúcar. Deja enfriar y mezcla con el resto de los ingredientes.

SALSA PARA PAD THAI

Para unos 200 g

Preparación

1. Mezcla el tamarindo con el agua hasta haberlo disuelto bien. Cuela y reserva.

2. Pon el agua y el azúcar en una cazuela al fuego hasta que se disuelva. Deja enfriar.

3. Mezcla todos los ingredientes. Puedes guardar en un bote hermético y mantener en la nevera al menos un mes.

SALSA PARA POLLO FRITO INCHI KABIN

Preparación

1. Mezcla todos los ingredientes hasta que el azúcar esté bien disuelto.

Ingredientes

6 chiles rojos frescos grandes, unos 120 g
(retira las pepitas de 5 y deja uno con ellas
para que la salsa tenga fuerza)

1 chile ojo de pájaro

8 g de jengibre pelado

1 ajo

1 cda. de azúcar moreno, unos 10 g

2 cdas. de zumo de lima, unos 24 g

1 cdta. de vinagre de arroz, unos 4 g

1 y ½ o 2 cdtas. de sal

SALSA PARA POLLO A LA HAINANESA

Para unos 180 g

Preparación

1. Trocea muy finamente todos los ingredientes y ponlos en el vaso de una batidora. Procesa hasta que tengas un puré fino.

Ingredientes

2 cdas. de pasta de curry roja, unos 50 g

200 g de cacahuetes crudos sin salar

6 cdtas. de azúcar de palma, unos 20-25 g

1 cdta. de sal

1 cda. de salsa de soja clara, unos 12 g

25 g de tamarindo fresco disueltos
en 200 ml de agua caliente

1 y ½ cdas. de aceite

SALSA DE CACAHUETES

Preparación

1. Fríe los cacahuetes en abundante aceite hasta que estén tostados. Retira y escurre en papel de cocina. Tritura en un procesador.

2. Cuela el agua de tamarindo y reserva. Desecha las semillas y las hebras.

3. En una cazuela, pon el aceite y calienta. Fríe la pasta de curry unos 10 min, hasta que cambie de color y el aceite suba a la superficie. Si queda seco, incorpora alguna cucharada de agua.

4. Sazona con el azúcar, sal, salsa de soja y mezcla bien. Moja con el agua de tamarindo y deja cocinando 5 min a fuego suave.

5. Añade la pasta de cacahuetes y mezcla bien. Pon otros 100 ml de agua y cocina durante 10 min. Decide cómo quieres la salsa de líquida agregando más agua o no.

> **Ingredientes**
>
> 100 g de azúcar blanco
>
> 100 g de agua

NUOC MAU

(Salsa de caramelo)

Preparación

1. En un cazo, pon a calentar el agua. Deja que hierva suavemente.

2. Pon otra olla de fondo grueso y a fuego moderado añade el azúcar y dos cucharadas de agua. Mezcla. Ve disolviéndolo lentamente sin mover. Tomará unos 8-10 min hasta que el azúcar se haya disuelto por completo y comience a oscurecer y a desprender olor a caramelo.

3. Retira del fuego y agarra con una manopla. Ve añadiendo, una a una, las cucharadas de agua hirviendo. Ten cuidado, porque en este momento el azúcar comenzará a burbujear vigorosamente al contacto con el agua. Cada vez que incorpores agua, mezcla e integra bien; si no lo haces, puede quedarte un bloque de caramelo. Sigue agregando hasta que termines con el agua. Mezcla bien y pon de nuevo al fuego para que se disuelvan los trozos de caramelo que pudieran haberse endurecido. En caso de que el cazo y la cuchara tuvieran azúcar duro pegado, lo mejor es quitarlo con agua hirviendo.

4. Retira del fuego y deja que se enfríe antes de ponerlo en un tarro de vidrio. Se puede conservar al menos un mes.

> **Ingredientes**
>
> 6 cdas. de salsa de pescado (unos 72 g)
>
> 6 chiles ojo de pájaro picados
>
> ⅛ de lima

PRIK NAM PLA

(Guindillas en salsa de pescado)

Preparación

1. Mezcla todos los ingredientes y sirve de acompañamiento con cualquier plato tailandés.

MERMELADAS DE GUINDILLAS

Ingredientes

10 chiles rojos frescos y grandes, unos 250 g

150 g de vinagre de arroz

300 g de agua

80 g de azúcar blanco

1 cdta. de sal

OT TUONG

(Mermelada de chiles de Hoian)

Para unos 180 g

Preparación

1. Abre los chiles y retira las semillas y las venas. Trocea y pon en un procesador con el vinagre. Reduce a pasta.

2. En un cazo, pon la pasta de guindillas, el agua, el azúcar y la sal. Deja que hierva suavemente unos 30 min, hasta que el agua se haya evaporado y la pasta comience a caramelizarse. El resultado debe ser una mermelada espesa.

3. Guarda en un bote estéril. Se mantiene más de un mes en el refrigerador.

Ingredientes

10 chiles secos grandes y sin pepitas, unos 35 g
(dejar algunas para que pique un poco)

10 ajos troceados

150 g de cebolla roja, pelada y en dados

½ cdta. de sal

3 cdas. de agua de tamarindo, unos 36 g

1 cda. de salsa de pescado, unos 12 g

3 cdas. de azúcar de palma, unos 30 g

4 cdas. de aceite, unos 48 g

NAM PRIK PAO

(Mermelada de chiles tostados)

Para unos 160 g

Preparación

1. En una sartén, tuesta en seco los chiles y muélelos en un molinillo de especias.

2. Con una gota de aceite, saltea la cebolla hasta que esté tostada. Retira y haz lo mismo con los ajos.

3. Mezcla las cebollas, ajos, el polvo de los chiles, la sal, el agua de tamarindo y la salsa de pescado y tritura con una batidora.

4. En un cazo, pon al fuego el aceite. Cuando esté caliente, fríe la pasta hasta que oscurezca y esté densa. Ten cuidado de que no se pegue y mueve a menudo. Continúa unos 15-20 min.

5. Añade el azúcar y deja 2 min para que ligue y se disuelva.

6. Si tiene demasiado aceite, retira una parte. Guarda en un tarro de vidrio, te durará al menos 3 meses.

Ingredientes

2 chiles rojos frescos y grandes, unos 50 g

4 chiles secos grandes y sin pepitas, unos 12 g

100 g de cebolla roja troceada en dados gruesos

2 ajos picados

½ cdta. de pasta de gambas

4 cdas. de aceite vegetal, unos 48 g

4 cdas. de agua de tamarindo, unos 48 g

½ cdta. de sal

12 g de azúcar moreno

Ingredientes

6 chiles rojos frescos y grandes, unos 120 g

1 cda. de pasta de gambas, unos 20 g

2 cdas. de zumo de lima, unos 24 g

1 cdta. de sal

1 cdta. de azúcar de palma

1 cdta. de chalota picada, opcional

½ cdta. de ajo picado, opcional

SAMBAL TUMIS

(Mermelada malaya de chiles secos)

Preparación

1. Tuesta la pasta de gambas en una sartén seca hasta que comience a desmenuzarse.

2. Trocea los chiles secos y retira las semillas. Muélelos en un molinillo de especias.

3. Parte el chile fresco por la mitad y retira las semillas y las venas. Trocea. Pon la cebolla, los ajos, el chile fresco, el polvo de chiles secos y la pasta de gambas en un procesador. Tritura hasta que tengas una pasta cremosa.

4. Pon el aceite en una sartén y a fuego suave fríe la pasta. Mueve a menudo y cocina unos 20-30 min, hasta que el aceite se haya separado y ya no huela a crudo.

5. Añade el agua de tamarindo y la sal, y sigue friendo hasta que el líquido se haya evaporado. En el último minuto, sazona con el azúcar, mezcla bien y después de 1 min retira del fuego.

SAMBAL BLACHAN

(Salsa cruda de chiles y pasta de gambas)

Preparación

1. En una sartén seca, tuesta ligeramente la pasta de gambas hasta que se vuelva más arenosa y su aroma cambie. Hazlo a fuego suave. Deja enfriar.

2. Trocea finamente el resto de los ingredientes.

3. Pon en el vaso de una batidora y procesa hasta obtener una pasta cremosa. Al final, sazona con sal, azúcar y zumo de lima. Debe quedar una salsa homogénea, salada, ácida y ligeramente dulzona.

ACEITES

MAU DIEU

(Aceite de Achiote)

Ingredientes

4 cdas. de aceite vegetal, unos 48 g

1 cda. colmada de semillas de achiote

Preparación

1. A fuego muy suave, fríe las semillas de achiote unos 5 min, hasta que el aceite se vuelva de color rojo. No dejes que el aceite hierva. Cuela, descarta las semillas y reserva el aceite.

MO HANH

(Aceite de cebolletas)

Ingredientes

5 cebolletas chinas, limpias y en láminas finas

4 cdas. de aceite vegetal, unos 48 g

una pizca de sal

Preparación

1. Pon el aceite a calentar. A fuego suave, pocha las cebolletas hasta que pierdan su firmeza, unos 5 min. Es importante que el tiempo sea breve para que las cebolletas mantengan su color brillante. Antes de retirar, añade una pizca de sal.

LA YOU/CHILI OIL

(Aceite de guindillas)

Ingredientes

150 ml de aceite de girasol

2 cdas. de copos de chile

Preparación

1. Pon los copos de chile en un bol metálico resistente al calor.

2. Calienta el aceite en una sartén hasta que humee. Déjalo enfriar 1 min. Agrega el aceite al bol donde tienes los copos. Percibirás que burbujea y comienza a desprender un aroma delicioso, a chiles y nueces. Ten siempre a mano aceite frío para evitar que los chiles se quemen.

3. Cuando se temple un poco, traslada a un bote de vidrio estéril. Mantén un par de días antes de usar.

OTROS

> ## Ingredientes
> 100 g de coco fresco rallado

KERISIK

(Pasta de coco tostado)

Preparación

1. Pon una sartén a fuego suave. Añade el coco y tuéstalo, moviendo a menudo para que no se queme. Si el coco es fresco, nos llevará unos 10 min; menos si es seco. Cuando tenga un color marrón oscuro, retira del fuego.

2. Pon el coco en un mortero y machaca hasta que tengas una pasta un tanto húmeda y untuosa. Guarda en un tarro de vidrio hermético.

> ## Ingredientes
> 100 g de arroz glutinoso o de grano largo

KHAO KHUA

(Polvo de arroz tostado)

Preparación

1. En una sartén seca, tuesta el arroz a fuego suave. Déjalo unos 10 min. Mueve con regularidad para evitar que se queme. Retira de la sartén y deja que se enfríe.

2. Muele en un molinillo o mortero hasta que tengas un polvo fino. Guarda en un bote estéril.

> ## Ingredientes
> 75 g de agua caliente
>
> 15 g de pulpa de tamarindo fresco

AGUA DE TAMARINDO

Para 80 g

Preparación

1. Mezcla los dos ingredientes. Revuelve el tamarindo disolviendo la pulpa y separando hebras y semillas. Cuela, reserva el agua y tira los restos.

Ingredientes

1 kg de aguja o paletilla de cerdo, sin hueso y cortada en tiras largas de unos 8 cm de ancho

La marinada

3 cdas. de salsa de soja clara, unos 36 g

1 cda. de salsa de soja oscura, unos 12 g

1 cda. de salsa de ostras, unos 10 g

1 cda. de vino chino, unos 12 g

2 cdas. de miel, unos 20 g

1 cda. de salsa Hoisin, unos 10 g

1 cda. de taucheo aplastadas

1 cdta. de polvo de 5 especias

pimienta negra recién molida «a dolor»

CHAR SIU

(Cerdo asado al modo chino)

Preparación

1. Mezcla bien los ingredientes de la marinada. Marina las tiras de cerdo al menos 2 h o mejor toda la noche.

2. Saca la carne del líquido y escurre. Reserva la marinada.

3. Precalienta el horno a 180 °C. Pon el cerdo en una rejilla de horno. Hornea 12-15 min, dependiendo del tamaño de la pieza. Abre el horno, dales la vuelta a las piezas y pinta con la marinada. Deja otros 10 min. Puedes comprobar si está cocido introduciendo una aguja en la parte más gruesa; si no sale líquido, estará listo.

4. Retira y deja que repose 10 min. Corta en lonchas. Si quieres, puedes calentar en una cazuela la marinada que sobró y usarla como salsa.

Kaya
Mermelada de huevo, gula melaka,
Nuevo
sainetero.
Fotos.
Joder!
Madrid no es tan bonito

ÍNDICE DE RECETAS

VIETNAM

CAMBOYA

ÍNDICE DE INGREDIENTES